쪼물쪼물 내 친구 게임 타자왕

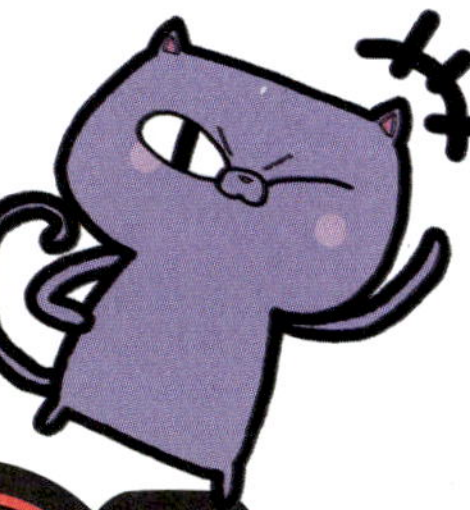

윈도우 10+한컴타자

활동 스티커

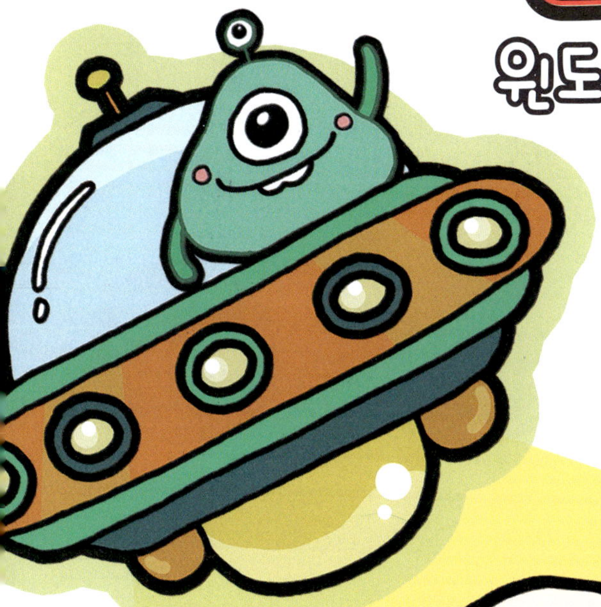

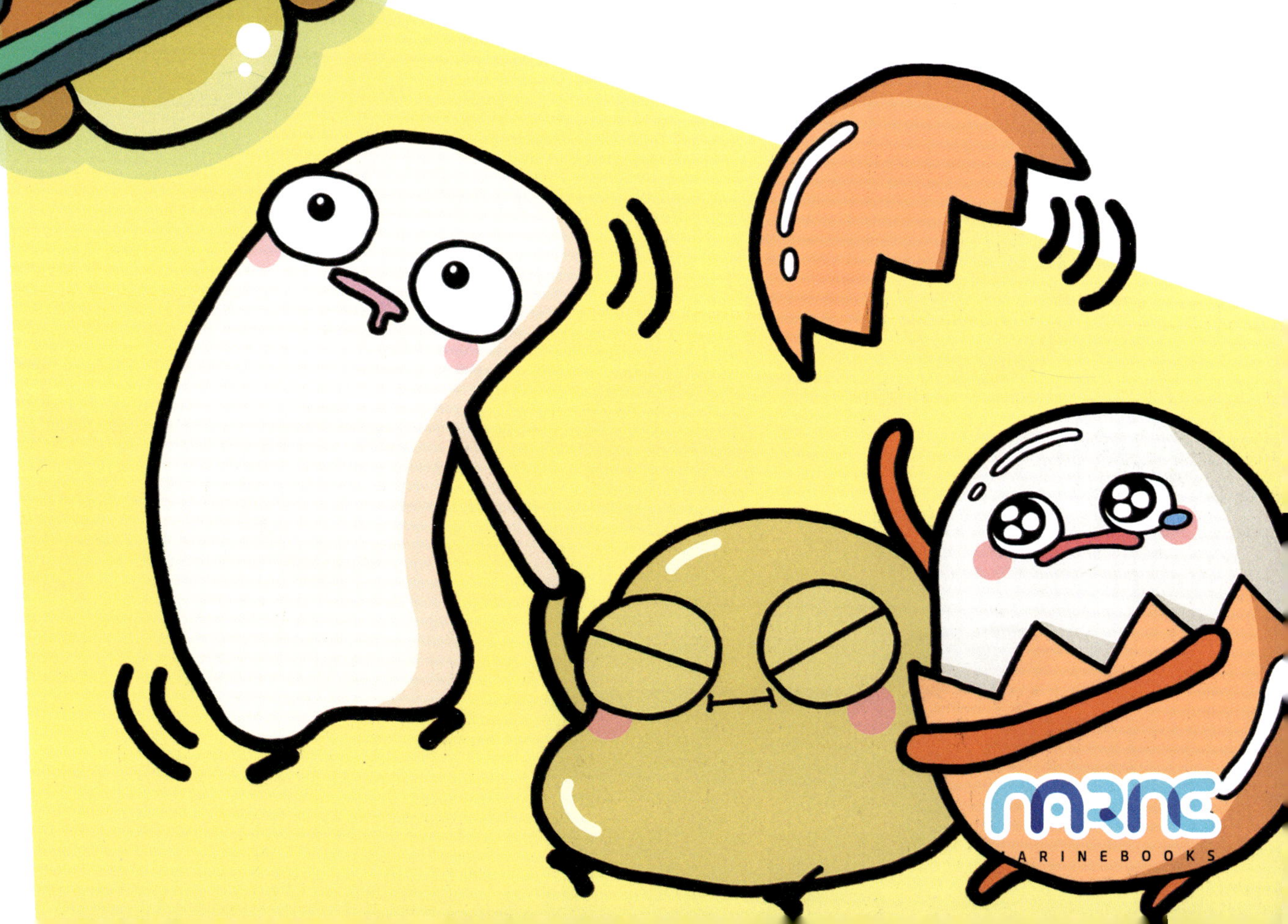

MARINE
MARINEBOOKS

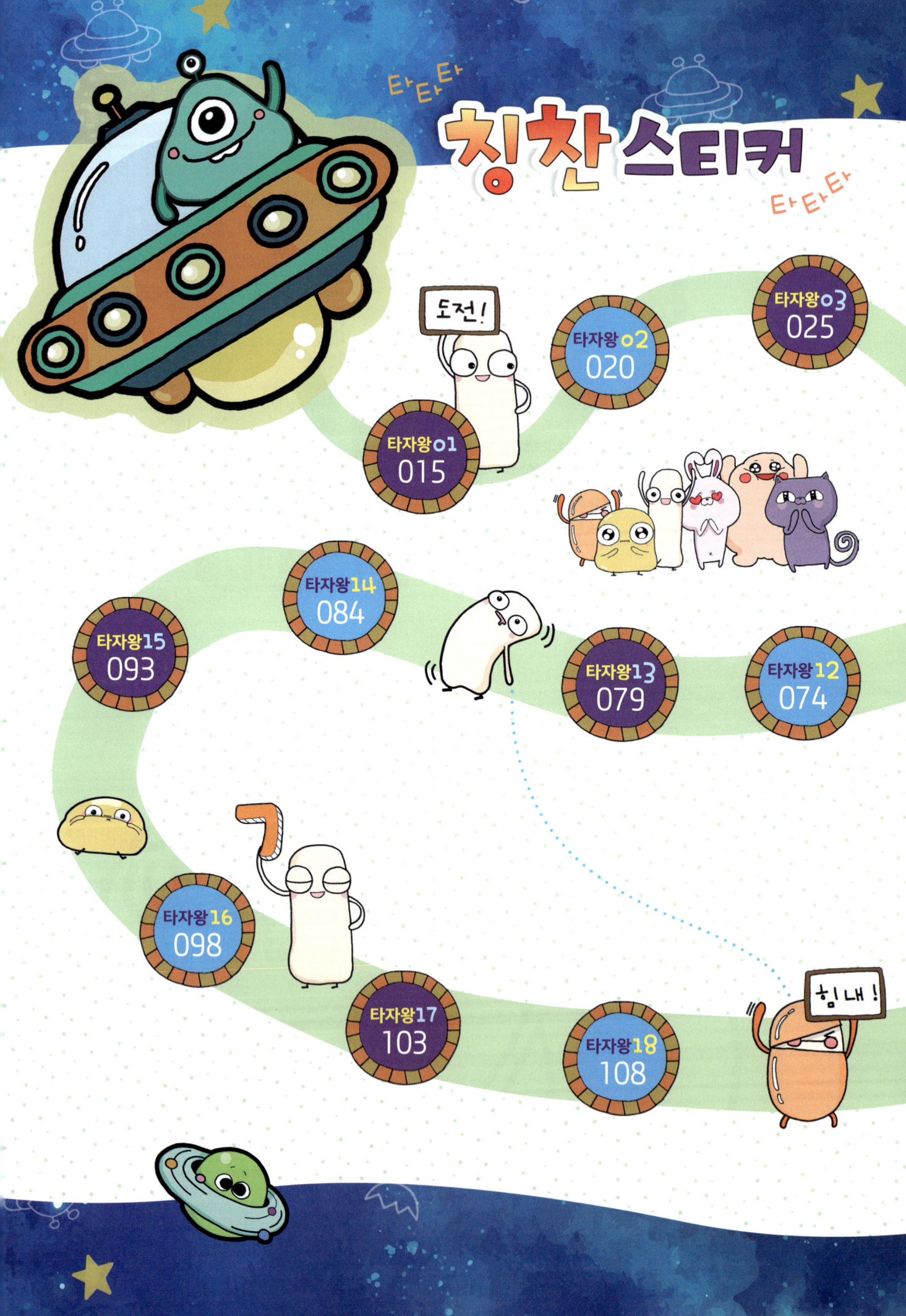

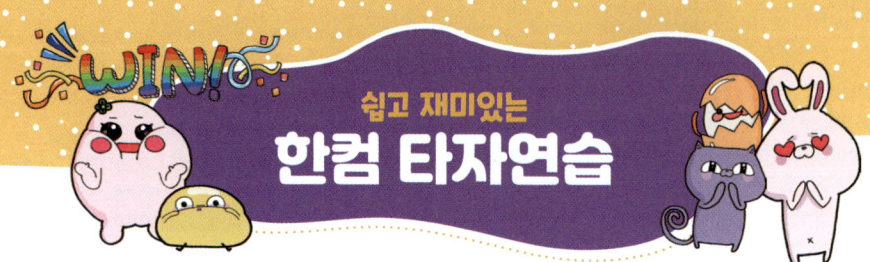

타자 프로그램이란?

컴퓨터 키보드의 글쇠를 빨리 정확하게 누르는 연습을 할 수 있는 프로그램입니다. '자리, 낱말, 짧은 글, 긴 글' 연습을 할 수 있고 게임을 즐길 수도 있습니다. 한마디로 신나고 재미있게 타자 실력을 키우는 프로그램이지요.

한컴 타자연습 시작하기

❶ [시작(■)]을 클릭한 다음 [한컴 타자연습]을 찾아 선택합니다.

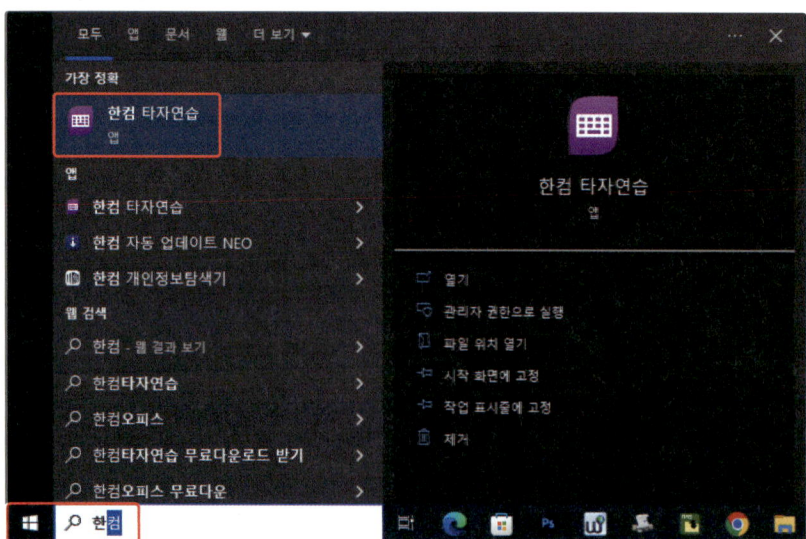

💡 만약 컴퓨터에 한컴 타자연습 프로그램이 설치되지 않아 검색이 되지 않을 경우에는 <내 친구 게임 타자왕> 실습파일에서 다운로드가 가능합니다.

❷ 아래와 같은 창이 나오면 [혼자하기]를 클릭한 다음 화면이 바뀌면 [시작]을 선택합니다.

❸ 한컴 타자연습 메인 화면으로 이동된 것을 확인합니다.

- **누구나** 쉽고 재미있게 타자 연습을 할 수 있습니다.
- **차근차근** 기본을 튼튼하게 연습할 수 있습니다.
- **단계별로** 타자 실력을 향상시킬 수 있습니다.

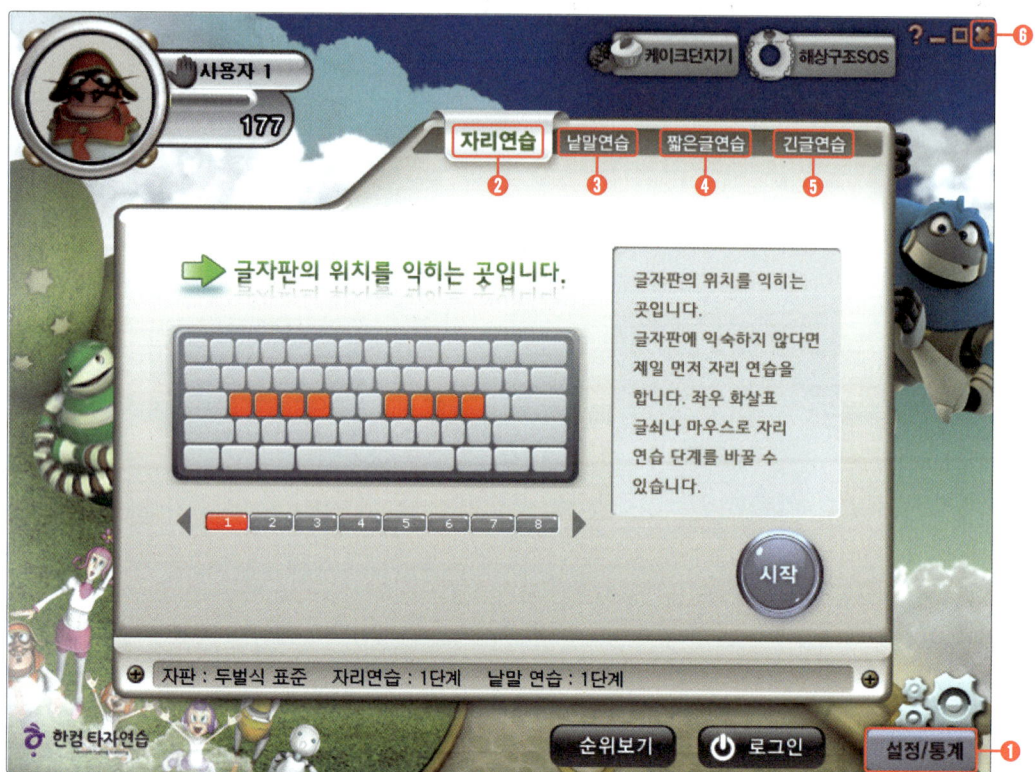

① **설정/통계** : '글자판선택(언어), 글자판종류, 소리' 등에 대한 옵션을 선택할 수 있습니다. 아래 그림과 같이 옵션이 설정되어 있는지 확인합니다.

② **자리 연습** : 글자판의 위치를 익히는 곳입니다.

③ **낱말 연습** : 단계별로 낱말을 연습할 수 있습니다. 제시된 낱말을 입력한 다음 [Enter](엔터) 키 또는 [Space Bar](스페이스바) 키를 눌러 낱말 입력을 완료할 수 있습니다.

④ **짧은 글 연습** : 입력하는 빠르기에 따라 현재 타수와 최고 타수가 실시간으로 나타납니다. 처음에는 속도를 빠르게 입력하기보다 정확하게 글자를 입력할 수 있도록 연습합니다.

⑤ **긴 글 연습** : '긴 글' 연습은 시간제한 없이 자유롭게 입력할 수 있으며, '타자검정'은 5분 동안 정확도와 빠르기를 측정할 수 있습니다.

⑥ **종료 버튼** : 클릭하여 한컴 타자연습을 종료할 수 있습니다.

창의력 쑥쑥
산타 추적기

산타 추적기란?

산타 추적기 웹사이트는 '구글(Google)'에서 제공하는 서비스로, 20여종의 미니게임과 산타의 위치를 추적할 수 있는 재미난 사이트예요. 크리스마스와 관련된 재미난 애니메이션 영상도 준비되어 있고, 코딩도 해볼 수 있답니다.

💡 산타 추적기 관련 내용은 교재 맨 뒤쪽의 부록으로 제공됩니다(p129~).

산타 추적기 접속하기

① 인터넷을 실행한 다음 '구글산타추적기'를 검색하여 접속합니다.

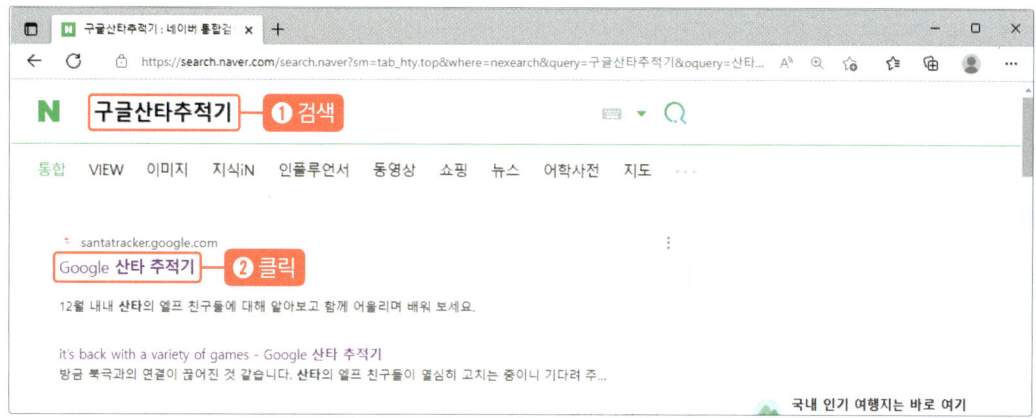

② 오른쪽 상단에서 산타가 오기까지 남은 시간을 확인할 수 있어요.

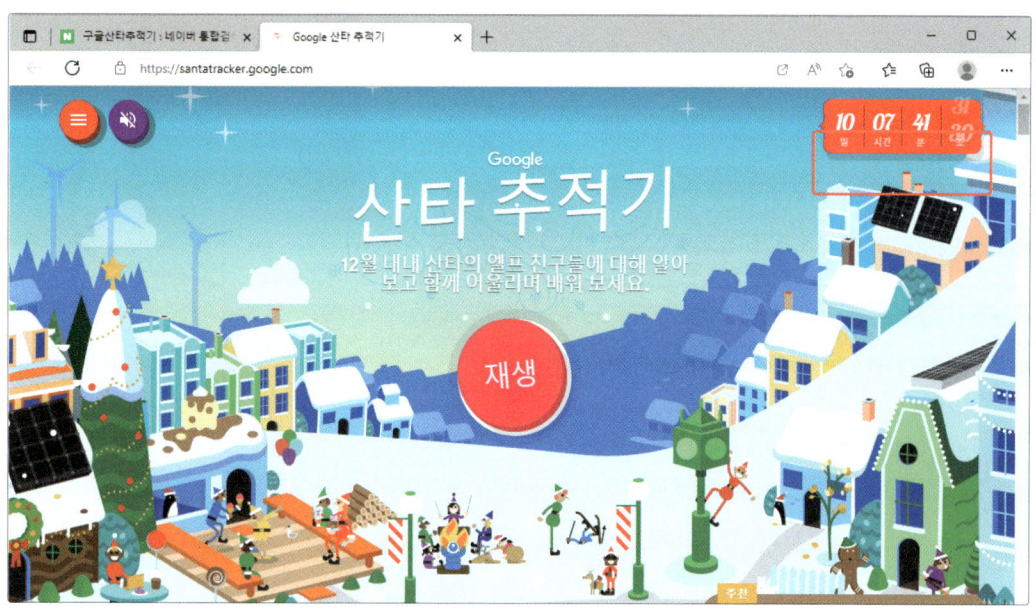

01 안녕, 컴퓨터!

학습목표

- 타자 프로그램을 실행하여 '자리 연습 1단계-기본 자리'를 연습합니다.
- 컴퓨터 장치를 확인합니다.
- 컴퓨터 교실에서 지켜야 할 예절을 알아봅니다.
- 컴퓨터를 켜고, 마우스로 끄는 방법을 알아봅니다.

1 신나는 컴퓨터 교실

안녕~! 우리 친구들! 신나고 재미있는 컴퓨터 교실에 온 것을 환영해요! 친구들과 함께 컴퓨터를 구성하는 기본 장치를 확인해 볼 거예요. 다음 ❶~❹와 같은 장치가 모두 있는지 확인한 후 있으면 ○표, 없으면 ✕표 하세요.

❶ 본체가 있나요?

❷ 모니터가 있나요?

❸ 키보드가 있나요?

❹ 마우스가 있나요?

❷ 컴퓨터실에서 지켜야 할 예절

여러 장치들을 이용하여 컴퓨터를 배우는 교실에서는 지켜야 할 예절이 있습니다.

❶ 컴퓨터실에 올 때에는 음식물이나 장난감을 가지고 오지 않습니다.

❷ 컴퓨터실 선생님과 친구들에게 공손하고 반갑게 인사합니다.

❸ 돌아다니거나 떠들지 않고 자신의 자리에 앉아 수업 준비를 합니다.

❹ 수업 중에 궁금한 것이 있을 때에는 조용히 손을 들고 기다립니다.

❺ 선생님의 허락 없이 프로그램을 설치하거나 삭제하지 않습니다.

❻ 수업이 끝나면 컴퓨터를 끄고 자리를 잘 정리합니다.

3 컴퓨터 켜기

컴퓨터를 사용하기 위해서는 가장 먼저 본체와 모니터의 전원을 켭니다.

01 컴퓨터 본체의 전원 버튼을 누릅니다.

💡 본체 전원은 본체의 가운데 또는 위쪽에 있습니다.

누름

02 모니터의 전원 버튼을 누릅니다.

💡 모니터의 전원은 오른쪽이나 가운데 쪽에 있습니다.

누름

4 마우스(Mouse) 살펴보기

컴퓨터 주변 장치 중에 쥐와 모양이 닮은 것이 있습니다.

찍찍 찍찍!
'나'를 닮아 내 이름과 같은 주변 장치가 있다고 하는데요. 어떤 장치일까요?

클릭 클릭!
바로 나! 내 이름은 마우스. 쥐를 영어로 '마우스(Mouse)'라고 하지요? 쥐를 닮아 '마우스'로 불리지요.

12

5 마우스 잡아보기

01 다음 그림과 같이 손으로 마우스를 감싸는 듯하게 잡아 보세요.

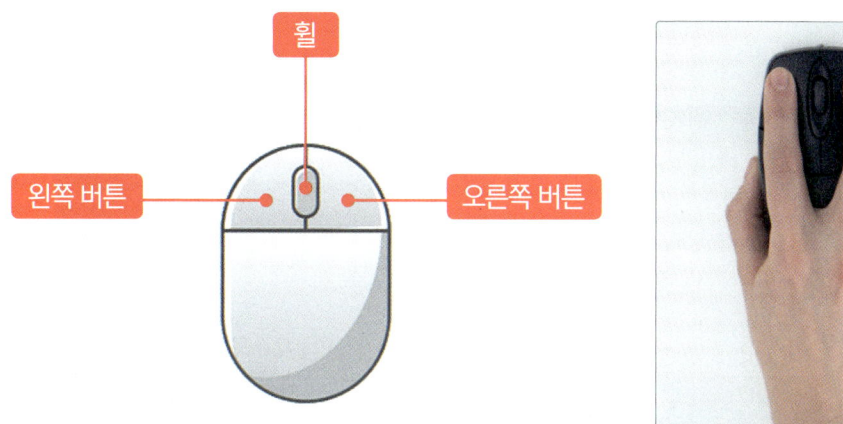

02 마우스를 좌우로 이동시키면서 '마우스 포인트'의 움직임을 살펴봅니다.

6 마우스로 컴퓨터 끄기

[시작(⊞)]-[전원(⏻)]-[시스템 종료(⏻)] 버튼을 마우스로 클릭하여 컴퓨터를 끕니다.

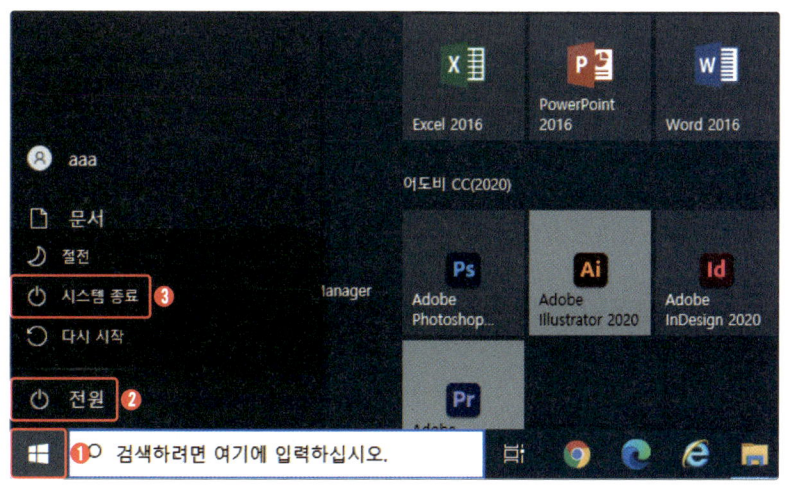

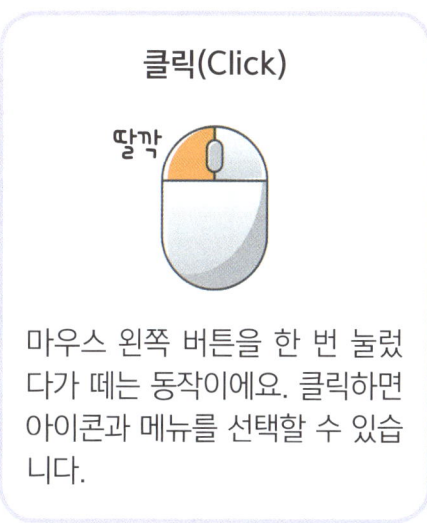

클릭(Click)

마우스 왼쪽 버튼을 한 번 눌렀다가 떼는 동작이에요. 클릭하면 아이콘과 메뉴를 선택할 수 있습니다.

1. 다음 <보기>의 그림과 같이 모니터와 본체가 켜지도록 버튼을 색칠해 보세요.

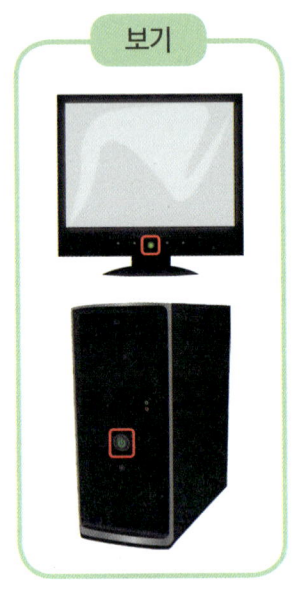
보기

2. 컴퓨터 기본 장치인 '마우스'는 어떤 동물의 모습을 닮아 붙여진 이름인가요? 알맞은 것에 ○표 하세요.

3. 다음은 컴퓨터를 끄는 과정을 순서대로 나타낸 것입니다. 빈칸에 알맞은 것을 <보기>에서 골라 번호로 써 보세요.

[( ) 🪟] 버튼을 클릭합니다.
▼
[( ) ⏻] 버튼을 클릭합니다.
▼
[( ) ⏻] 버튼을 클릭합니다.

보기
❶ 전원
❷ 시작
❸ 시스템 종료

자리 연습 1단계
기본

❶ [시작(⊞)]을 클릭한 다음 '한컴 타자연습'을 찾아 선택합니다.

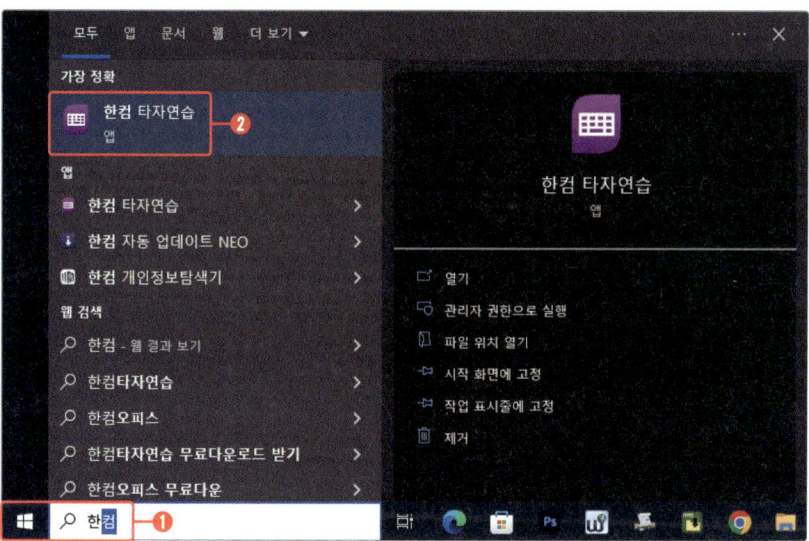

❷ [자리 연습]-[1단계] 메뉴를 클릭하여 타자 연습을 시작합니다.

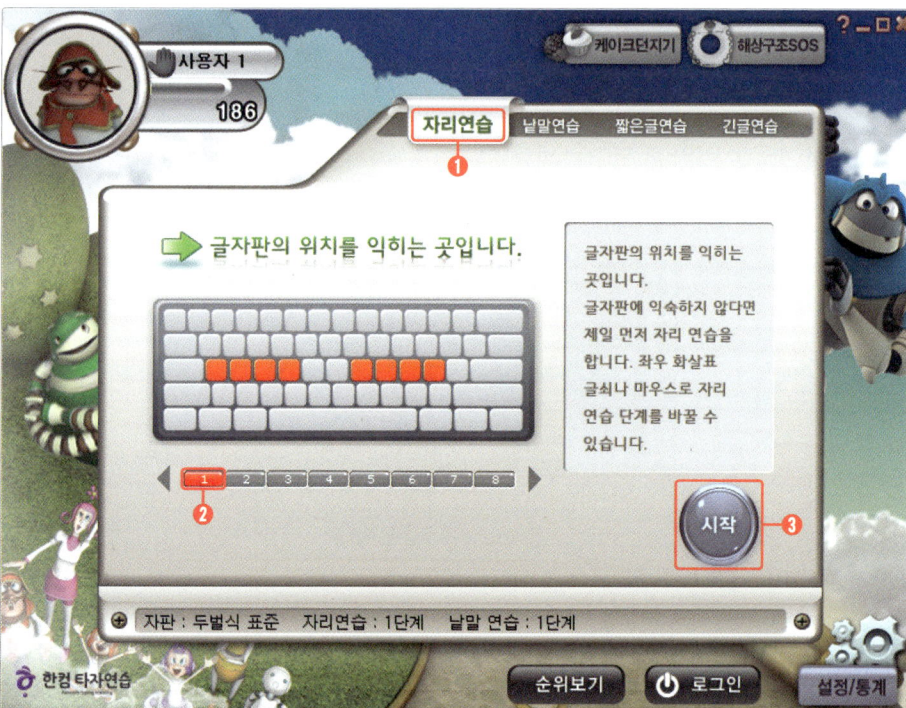

❸ 자리 연습 1단계가 시작되면 그림자와 동일하게 키보드에 손가락을 올립니다.

❹ 주황색 점이 있는 곳을 알맞은 손가락으로 누르면서 타자 연습을 합니다.

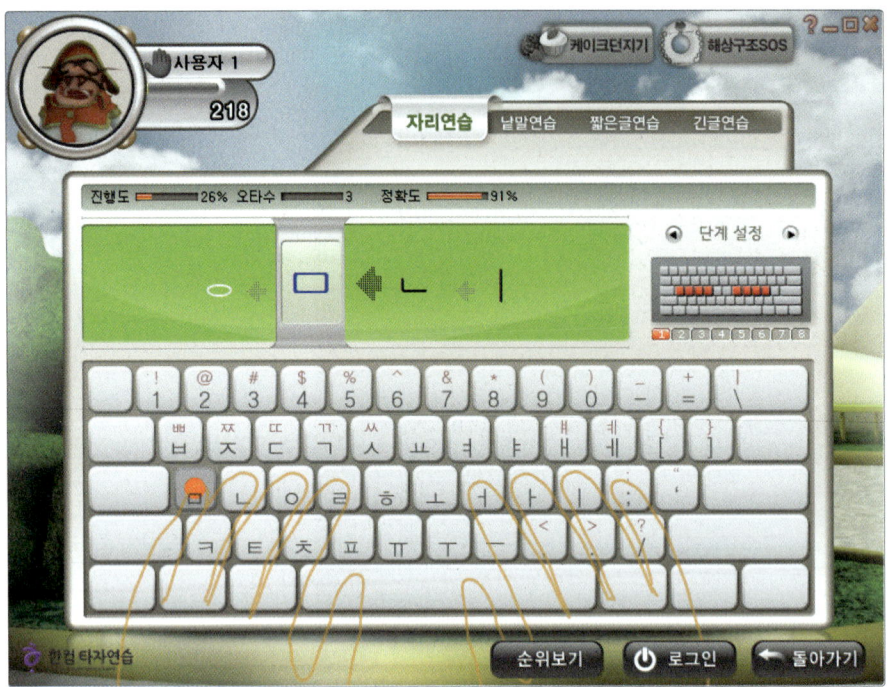

❺ '기본' 자리 연습을 완료했으면 1단계 칸에 하트 모양의 스티커를 붙여 주세요.

1단계	2단계	3단계	4단계	5단계	6단계	7단계	8단계
♡							

❻ 1단계 '자리 연습 결과'를 확인하여 빈칸에 적어보세요.

❼ [계속] 버튼을 눌러 타자연습을 계속 진행할 수 있어요. 만약 정확도가 높으면 '다음 단계', 정확도가 낮으면 '현재 단계'가 다시 진행될 거예요.

02 반가워, 컴퓨터!

학습목표
- 타자 프로그램을 실행하여 '자리 연습 2단계-왼손 위 자리'를 연습합니다.
- 컴퓨터의 기본 구성 장치에 대해 알아봅니다.
- 컴퓨터의 여러 주변 장치에 대해 알아봅니다.

1 컴퓨터의 기본 구성 장치 알아보기

컴퓨터를 구성하고 있는 장치의 이름과 그 기능을 알아봅니다.

01 본체 : 컴퓨터가 작동할 때 필요한 중요한 장치들이 모여 있어요. 컴퓨터의 중심으로서 모니터, 키보드, 마우스 등을 연결하여 모든 일을 처리하는 장치입니다.

02 모니터 : 컴퓨터에서 처리한 결과인 문자나 그림 등을 TV처럼 화면에 나타내는 장치입니다.

03 키보드 : 한글이나 영어, 숫자 등을 컴퓨터에 입력할 수 있는 장치입니다.

04 마우스 : 모니터에서 커서를 통해 위치를 가리키거나 아이콘을 선택하며 컴퓨터에게 명령을 내릴 수 있는 장치입니다.

2 컴퓨터의 주변 장치 알아보기

다음 ❶~❻ 장치에 대한 설명을 읽고, 빈칸에 알맞은 장치 이름을 써 보세요.

❶ **프린터** : 모니터 화면에 나타난 내용을 종이에 출력할 때 사용하는 장치입니다.

❷ **스캐너** : 그림, 사진, 문자 등을 읽어서 모니터에 나타내는 장치입니다.

❸ **스피커** : 컴퓨터에서 나오는 여러 가지 소리를 듣게 해 주는 장치입니다.

❹ **헤드셋** : 마이크가 달려 있는 헤드폰으로 음성 채팅, 인터넷 전화 등을 할 때 사용하는 장치입니다.

❺ **화상 카메라** : 카메라를 통해 촬영된 모습을 다른 사람의 모니터에서 볼 수 있게 하는 장치로, 주로 화상 통화를 할 때 사용하는 장치입니다.

❻ **USB 메모리** : 사진, 동영상, 문서 파일 등을 저장한 후, 장치를 가지고 손쉽게 이동할 수 있도록 작게 만들어진 편리한 장치입니다.

1. 컴퓨터를 켰더니 모니터 화면에 컴퓨터 장치가 나타났어요. 장치의 이름을 왼쪽부터 순서대로 써 보세요.

 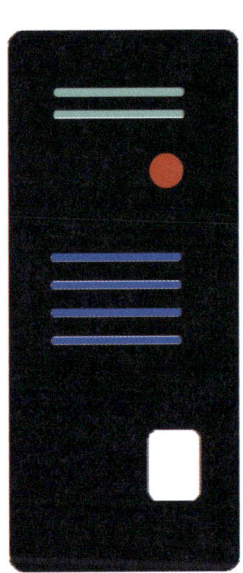

2. '나'는 누구일까요? 내용에 알맞은 장치를 찾아 선으로 이어 보세요.

모니터 화면에 보이는 내용을 종이에 출력해요. '나'는 누구일까요?

키보드

한글이나 영어, 숫자 등을 입력할 수 있어요. '나'는 누구일까요?

프린터

컴퓨터에서 나오는 소리나 음악을 들려주어요. '나'는 누구일까요?

스피커

자리 연습 2단계
왼손 위

❶ [시작(⊞)]을 클릭한 다음 '한컴 타자연습'을 찾아 선택합니다.

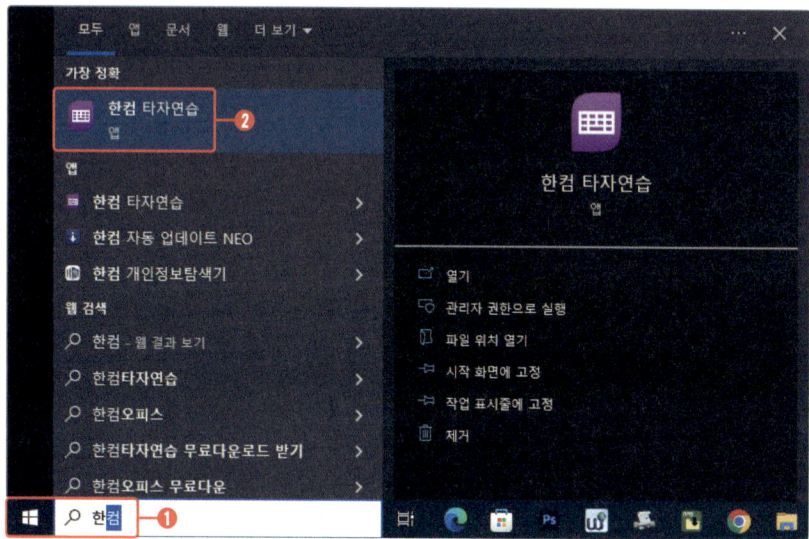

❷ [자리연습]에서 '2'를 선택한 다음 [시작] 버튼을 클릭하여 타자연습을 시작합니다.

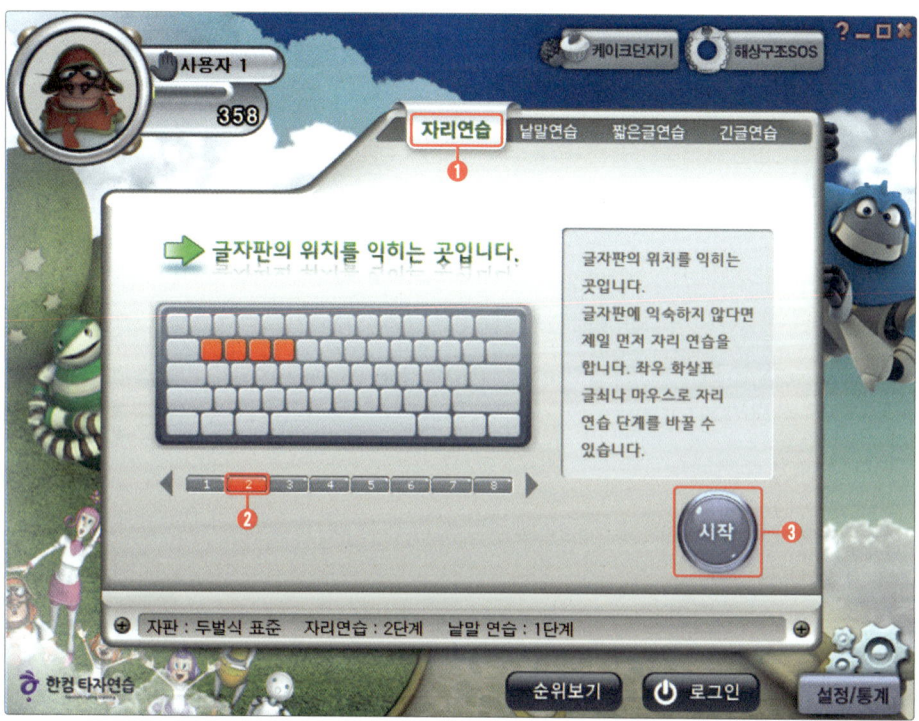

❸ 자리 연습 2단계가 시작되면 그림자와 동일하게 키보드에 손가락을 올립니다.

❹ 주황색 점이 있는 곳을 알맞은 손가락으로 누르면서 타자 연습을 합니다.

❺ '왼손 위' 자리 연습을 완료했으면 2단계 칸에 하트 모양의 스티커를 붙여 주세요.

1단계	2단계	3단계	4단계	5단계	6단계	7단계	8단계
	♡						

❻ 2단계 '자리 연습 결과'를 확인하여 빈칸에 적어보세요.

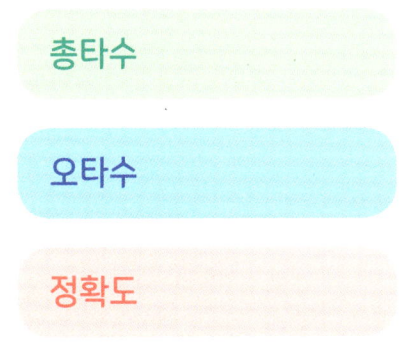
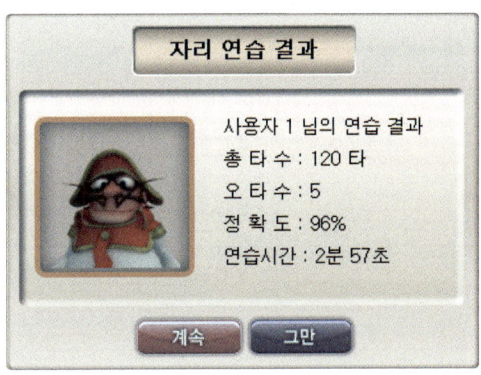

❼ [계속] 버튼을 눌러 타자연습을 계속 진행할 수 있어요. 만약 정확도가 높으면 '다음 단계', 정확도가 낮으면 '현재 단계'가 다시 진행될 거예요.

03 키보드 소개하기

학습목표

> 타자 프로그램을 실행하여 '자리 연습 3단계-검지 자리'를 연습합니다.
> 키보드의 주요 키의 이름과 기능을 알아봅니다.
> 키보드 기본 자리를 확인하고, 글자를 입력합니다.

1 키보드의 주요 키 알아보기

❶	Esc 이에스씨	실행시킨 명령을 취소합니다.
❷	Enter 엔터	명령을 실행합니다.
❸	Space Bar 스페이스 바	• 글자와 글자 사이를 띄웁니다. • 빈칸을 삽입합니다.
❹	← 백 스페이스	커서 왼쪽의 글자를 지웁니다.
❺	Delete 딜리트	커서 오른쪽의 글자를 지웁니다.
❻	Shift 시프트	• 한글의 쌍자음 또는 쌍모음을 입력할 때 함께 누릅니다. • 특수문자를 입력할 때 함께 누릅니다.
❼	한/영 한영	한글 또는 영어 키로 전환합니다.
❽	Caps Lock 캡스 락	• 키를 눌러 불이 켜지면 영어의 대문자가 입력됩니다. • 키를 눌러 불이 꺼지면 영어의 소문자가 입력됩니다.

❷ 키보드 기본 자리 확인하기

01 글자를 입력할 수 있는 문자 키의 기본 자리에 손을 올려 봅니다.

02 왼손부터 차례대로 눌러 봅니다.

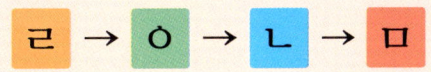

03 오른손도 차례대로 눌러 봅니다.

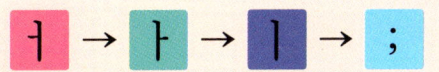

❸ 키보드로 글자 입력해 보기

01 작업 표시줄의 검색 상자를 마우스로 클릭하여 '메모장'을 입력하고, Enter 를 눌러 메모장 앱(📘)을 실행합니다.

02 자신을 소개하는 내용을 입력해 봅니다.

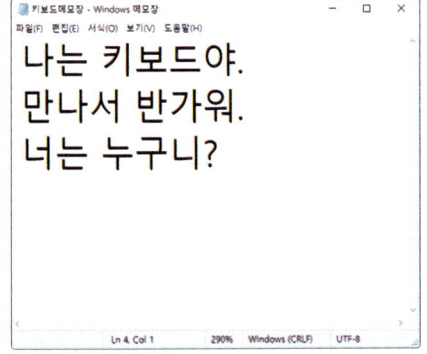
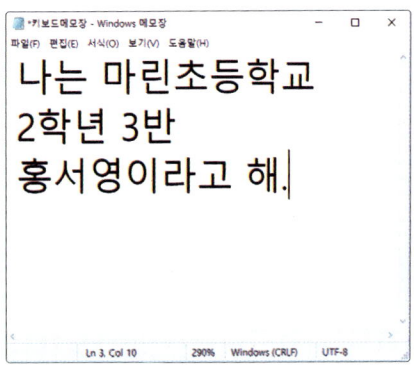

1. 키보드 기본 자리에 해당하는 문자를 손가락에 알맞게 짝지어 써 보세요.

2. 손가락을 이용하여 눌러야 하는 자판의 위치를 색깔별로 확인해 보세요. 그리고 각각의 손가락과 연결된 키보드를 차례대로 눌러 보세요.

자리 연습 3단계

검지

❶ [시작(⊞)]을 클릭한 다음 '한컴 타자연습'을 찾아 선택합니다.

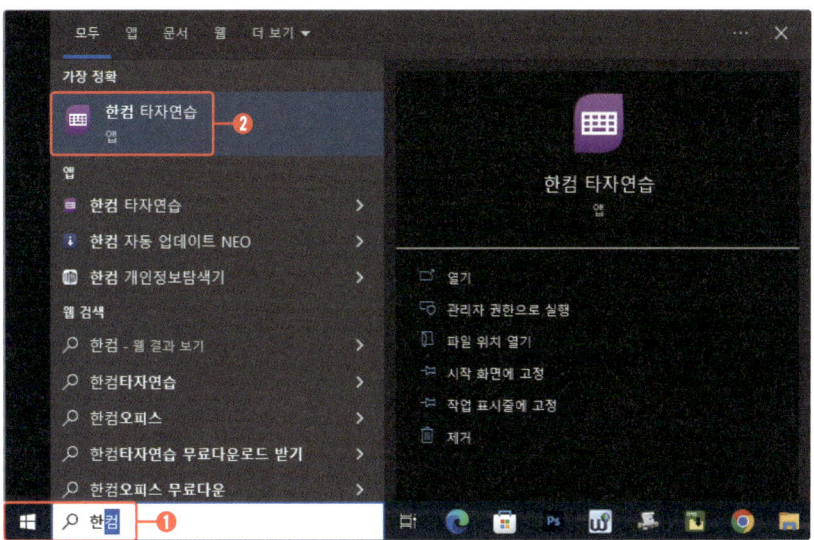

❷ [자리연습]에서 '3'을 선택한 다음 [시작] 버튼을 클릭하여 타자연습을 시작합니다.

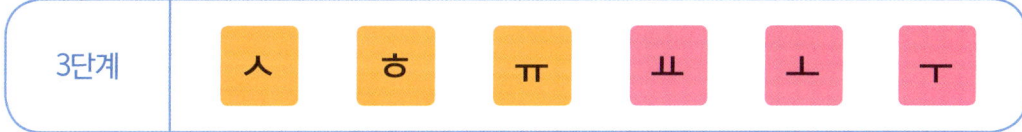

❸ 자리 연습 3단계가 시작되면 그림자와 동일하게 키보드에 손가락을 올립니다.

❹ 주황색 점이 있는 곳을 알맞은 손가락으로 누르면서 타자 연습을 합니다.

❺ '검지' 자리 연습을 완료했으면 3단계 칸에 하트 모양의 스티커를 붙여 주세요.

1단계	2단계	3단계	4단계	5단계	6단계	7단계	8단계
		♡					

❻ 3단계 '자리 연습 결과'를 확인하여 빈칸에 적어보세요.

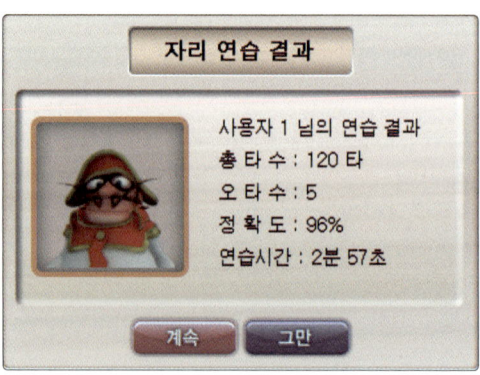

❼ [계속] 버튼을 눌러 타자연습을 계속 진행할 수 있어요. 만약 정확도가 높으면 '다음 단계', 정확도가 낮으면 '현재 단계'가 다시 진행될 거예요.

04 마우스 소개하기

학습목표
- 타자 프로그램을 실행하여 '자리 연습 4단계-오른손 위 자리'를 연습합니다.
- 마우스의 구성을 알아봅니다.
- 마우스 잡는 방법과 동작을 배웁니다.
- 마우스의 기능을 이해합니다.

1 마우스의 구성 알아보기

마우스는 보통 2개의 버튼과 휠로 구성되어 있습니다.

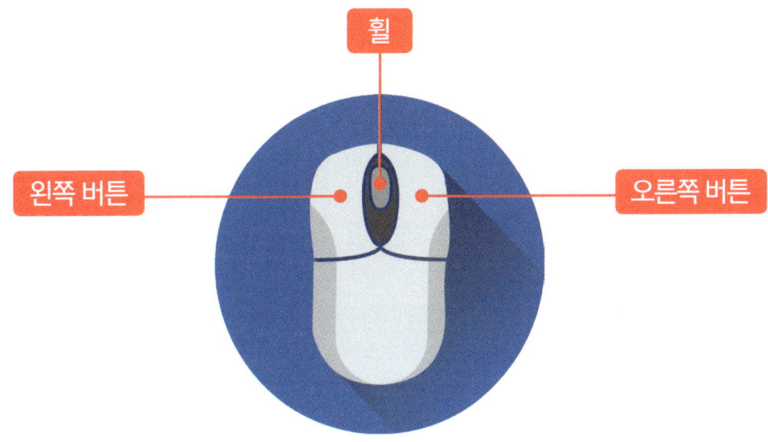

2 마우스 잡는 방법

01 마우스를 손으로 감싸는 듯하게 잡은 후 왼쪽 버튼 위에 둘째 손가락을, 오른쪽 버튼 위에 가운데 손가락을 올려놓습니다.

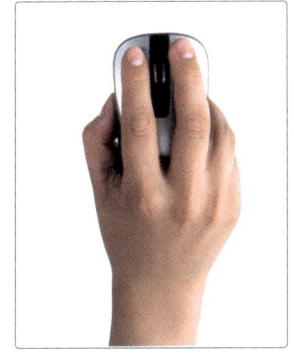
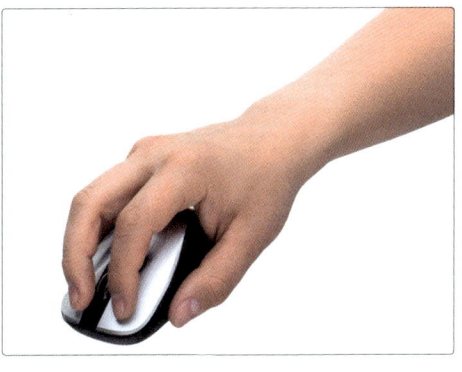

3 마우스 동작 배우기

01 클릭 : 선택하기
마우스의 왼쪽 버튼을 한 번 눌렀다가 떼는 동작입니다.

02 더블 클릭 : 실행하기
마우스의 왼쪽 버튼을 두 번 연속 빠르게 누르는 동작입니다.

03 드래그 앤 드롭 : 이동하기
마우스 왼쪽 버튼을 누른 상태로 마우스를 이동한 후, 버튼에서 손을 떼는 동작입니다.

04 스크롤 : 화면 이동하기
마우스 휠을 위 아래로 굴리는 동작입니다.

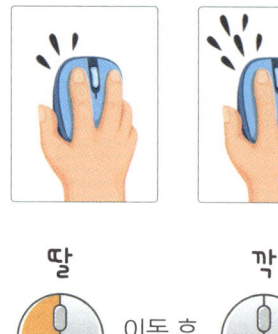
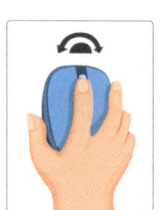

4 마우스의 기능 이해하기

01 바탕 화면에서 [Microsoft Edge] 아이콘( )을 클릭하여 아이콘이 선택된 것을 확인합니다.

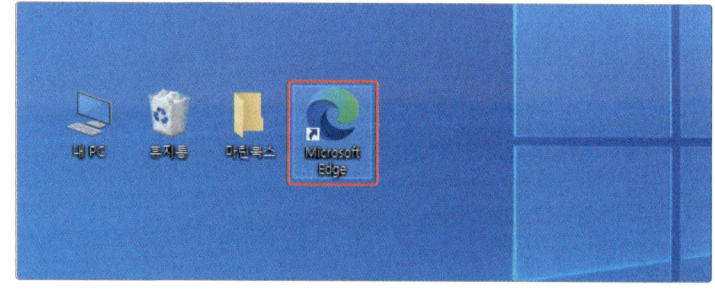

02 [Microsoft Edge] 아이콘( )을 더블 클릭하여 인터넷이 실행된 것을 확인합니다.

03 휠을 위 아래로 굴려 봅니다. 화면의 스크롤이 위아래로 움직이는 것을 확인할 수 있습니다.

04 닫기 버튼( )을 클릭하여 창을 닫아 봅니다.

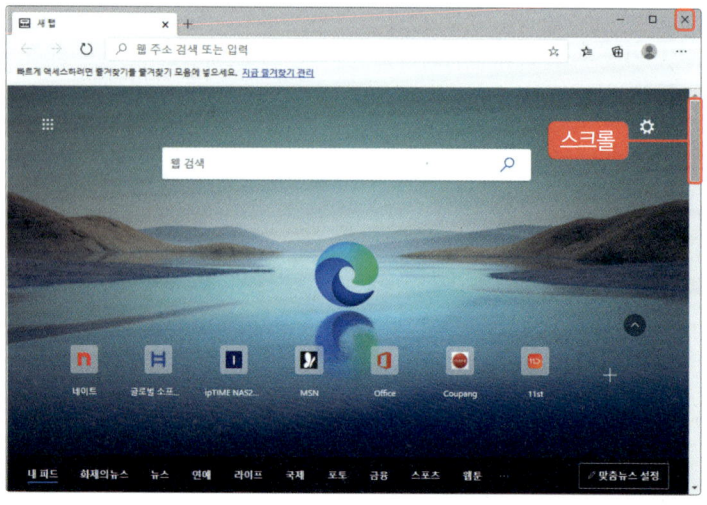

1. 다음 마우스 그림에서 색칠한 부분의 이름을 빈칸에 써 보세요.

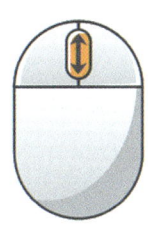   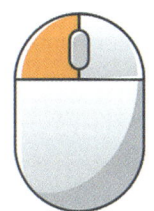   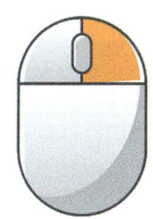

2. 인터넷 검색 창에 와플래시 게임 아카이브(https://vidkidz.tistory.com)를 검색하여 연결합니다.

① 상단 검색 버튼을 눌러 게임 '고군분투'를 찾습니다.
② 검색한 게임이 나타나면 클릭하여 게임을 실행합니다.

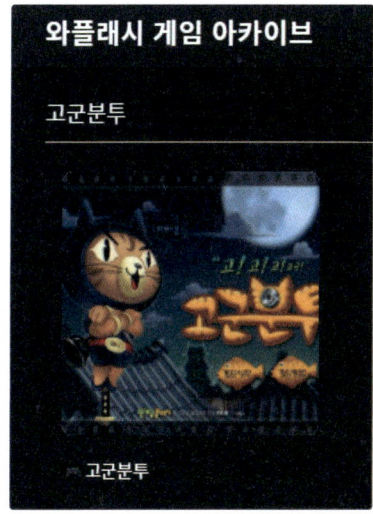

게임 방법

1. 마우스 왼쪽 버튼을 클릭하면 스파이더맨이 점프를 합니다.
2. 마우스 왼쪽 버튼을 더블 클릭하면 뚫어뻥 와이어를 쏘며 공중 액션을 합니다.
3. 절벽으로 떨어지지 않도록 점프를 하며 동전을 모으면 점수가 올라갑니다.

자리 연습 4단계
오른손 위

❶ [시작(⊞)]을 클릭한 다음 '한컴 타자연습'을 찾아 선택합니다.

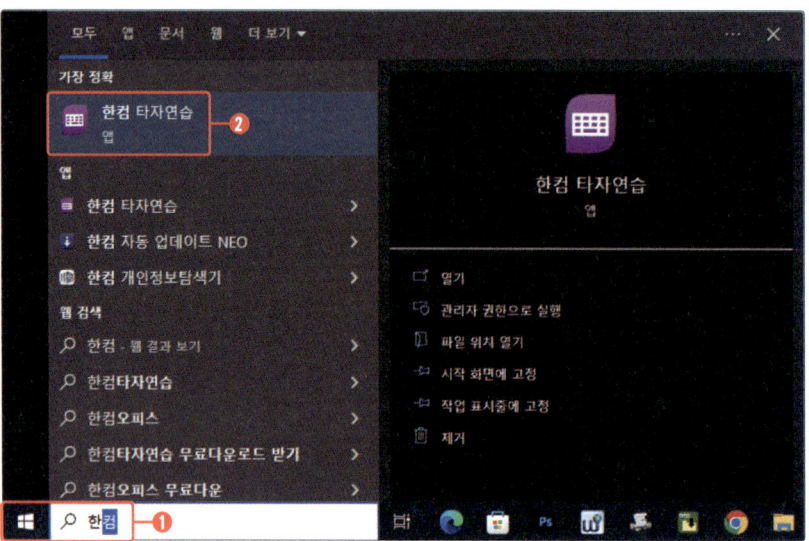

❷ [자리연습]에서 '4'를 선택한 다음 [시작] 버튼을 클릭하여 타자연습을 시작합니다.

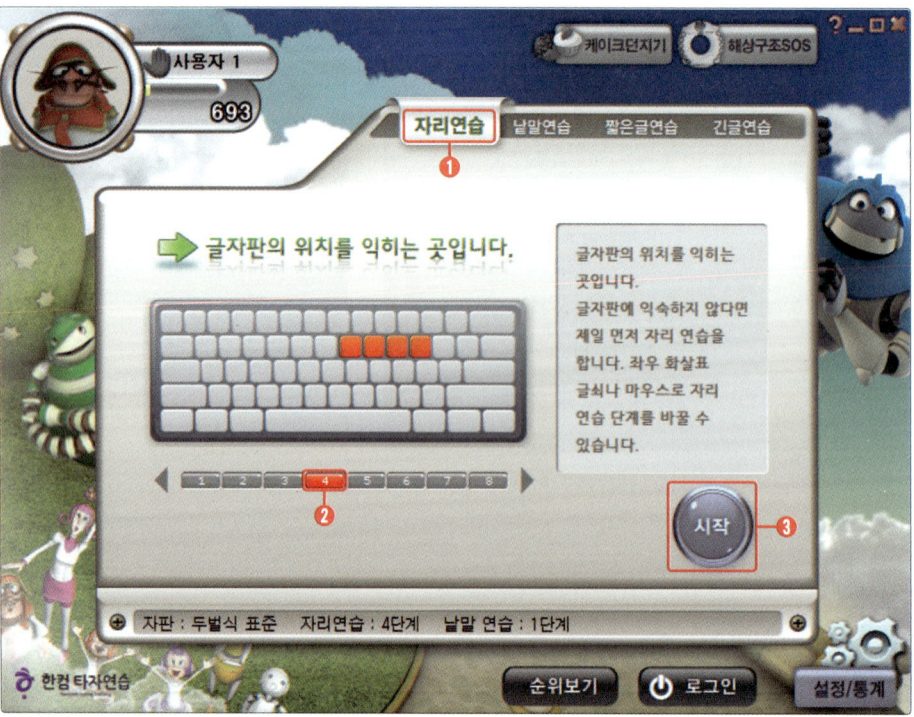

❸ 자리 연습 4단계가 시작되면 그림자와 동일하게 키보드에 손가락을 올립니다.

❹ 주황색 점이 있는 곳을 알맞은 손가락으로 누르면서 타자 연습을 합니다.

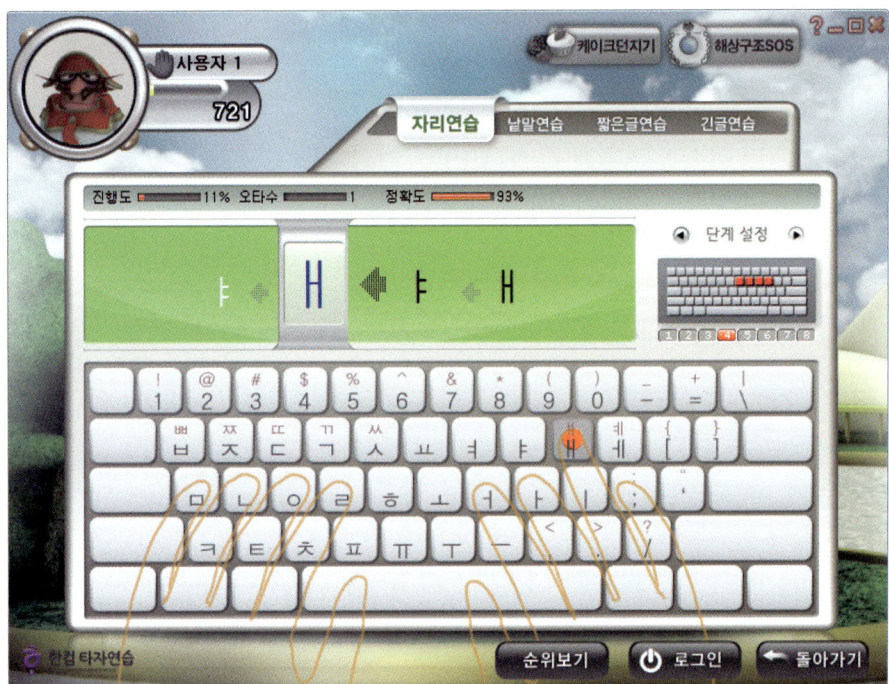

❺ '오른손 위' 자리 연습을 완료했으면 4단계 칸에 하트 모양의 스티커를 붙여 주세요.

1단계	2단계	3단계	4단계	5단계	6단계	7단계	8단계
			♡				

❻ 4단계 '자리 연습 결과'를 확인하여 빈칸에 적어보세요.

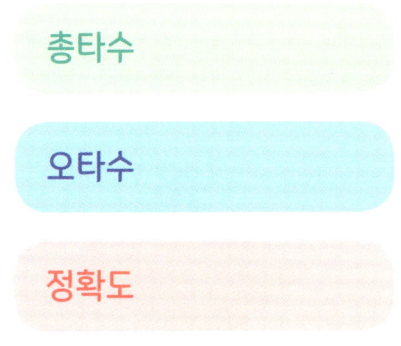
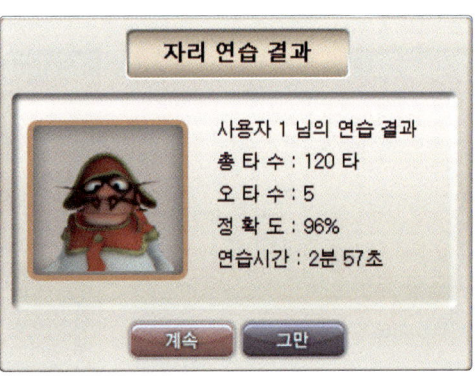

❼ [계속] 버튼을 눌러 타자연습을 계속 진행할 수 있어요. 만약 정확도가 높으면 '다음 단계', 정확도가 낮으면 '현재 단계'가 다시 진행될 거예요.

05 마우스 다루는 연습하기

학 습 목 표

▶ 타자 프로그램을 실행하여 '자리 연습 5~6단계-아래 자리'를 연습합니다.

▶ 다양한 게임을 통해 마우스 클릭, 더블 클릭, 드래그를 연습합니다.

실습파일 : 클릭 팜.exe, 과일 자르기.exe

1 클릭과 더블 클릭 연습하기

01 [05차시] 폴더 안의 '클릭 팜.exe' 파일을 더블 클릭하여 실행합니다.

02 게임이 시작되면 밭을 더블 클릭하여 작물이 자랄 수 있도록 합니다.

03 주변에 나타난 동전을 클릭하여 모은 돈은 새로운 작물을 구매할 때 이용할 수 있답니다!

❷ 드래그 연습하기

01 [05차시] 폴더 안의 '과일 자르기.exe' 파일을 더블 클릭하여 실행합니다.

02 나타난 과일을 드래그하여 없애면 왼쪽 상단의 점수가 증가하고, 과일을 자르지 못하면 게임 횟수가 줄어들게 됩니다.

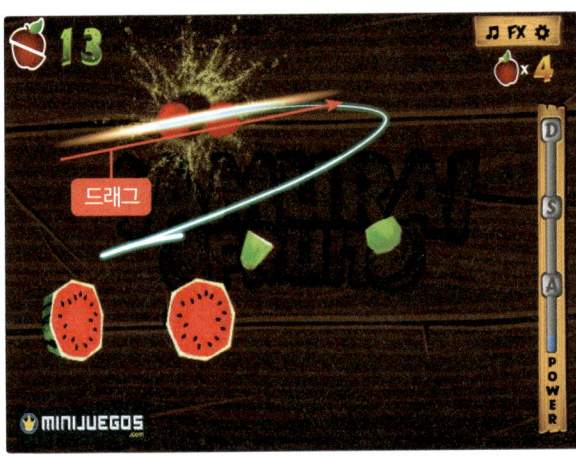

03 과일이 아닌 다른 아이템을 자르게 되면 게임 횟수가 줄거나 화면이 뿌옇게 보일 수 있으니 주의하세요!

1 [05차시] 폴더 안의 '두더지 게임.exe' 파일을 실행하여 클릭 연습을 해보세요.

실습파일 : 두더지 게임.exe

2 [05차시] 폴더 안의 '공 굴리기.exe' 파일을 실행하여 드래그 연습을 해보세요.

실습파일 : 공 굴리기.exe

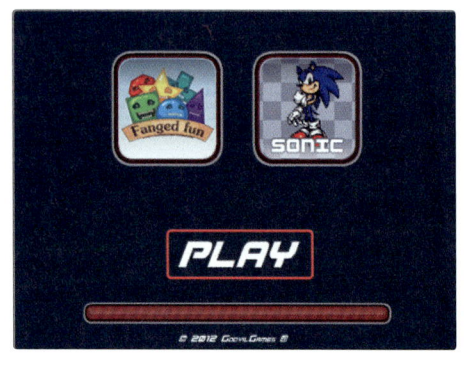 

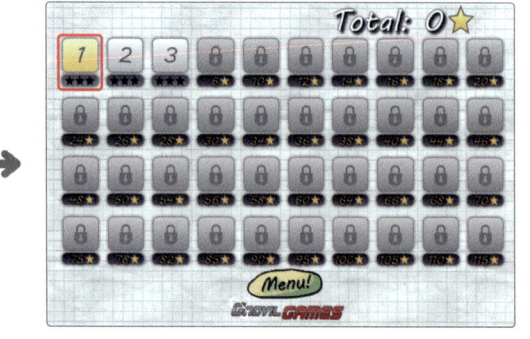 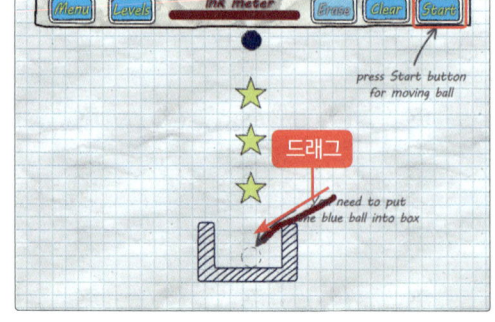

💡 공굴리기 게임은 공을 정해진 위치로 이동시키기 위해 마우스를 드래그하여 선을 그리는 게임이에요. 단계가 어려워질수록 난이도가 어려워질 거예요!

자리 연습 5~6단계
아래

❶ [시작(■)]을 클릭한 다음 '한컴 타자연습'을 찾아 선택합니다.

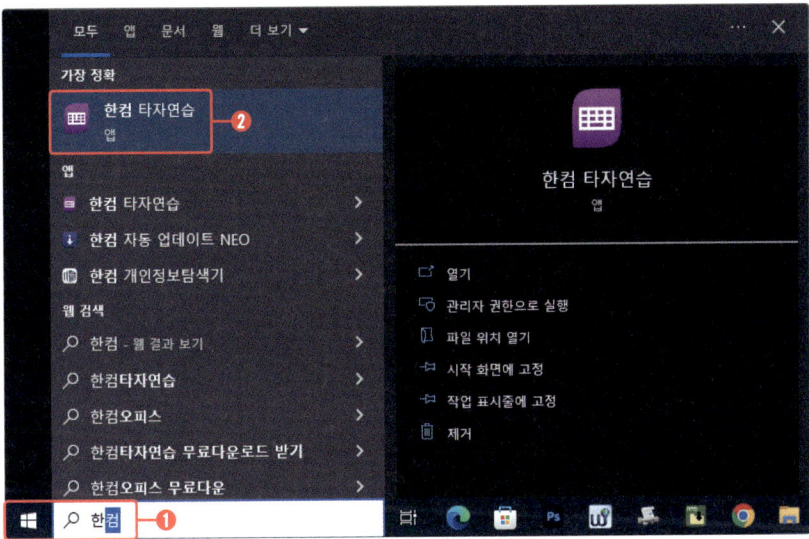

❷ [자리연습]에서 '5', '6'을 각각 선택하여 타자연습을 시작합니다.

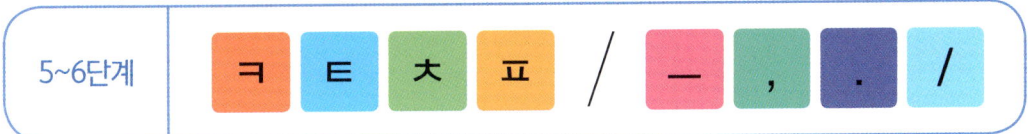

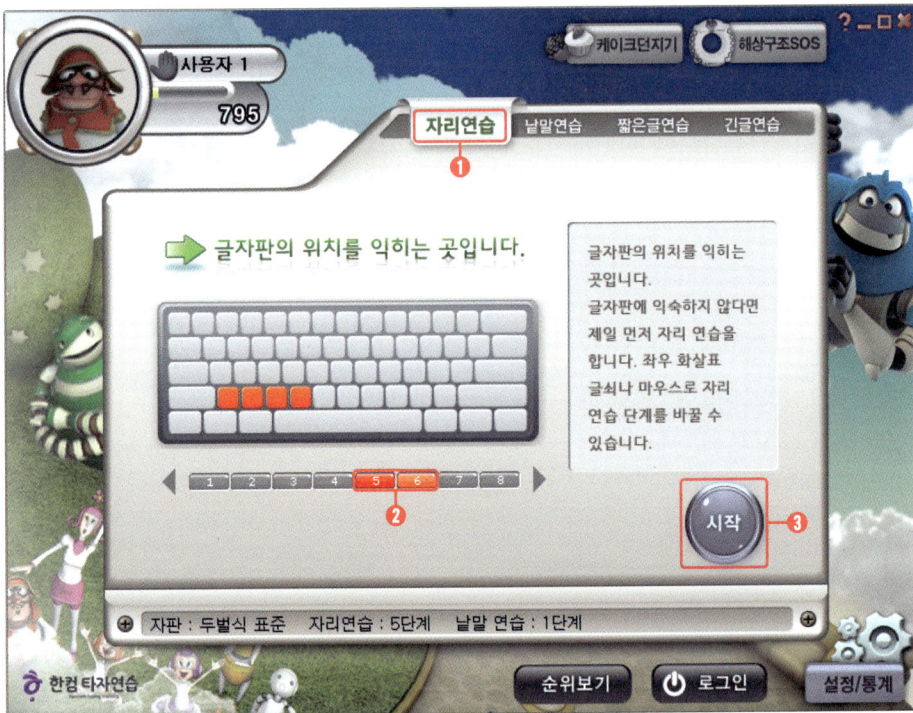

❸ 자리 연습이 시작되면 그림자와 동일하게 키보드에 손가락을 올립니다.

❹ 주황색 점이 있는 곳을 알맞은 손가락으로 누르면서 타자 연습을 합니다.

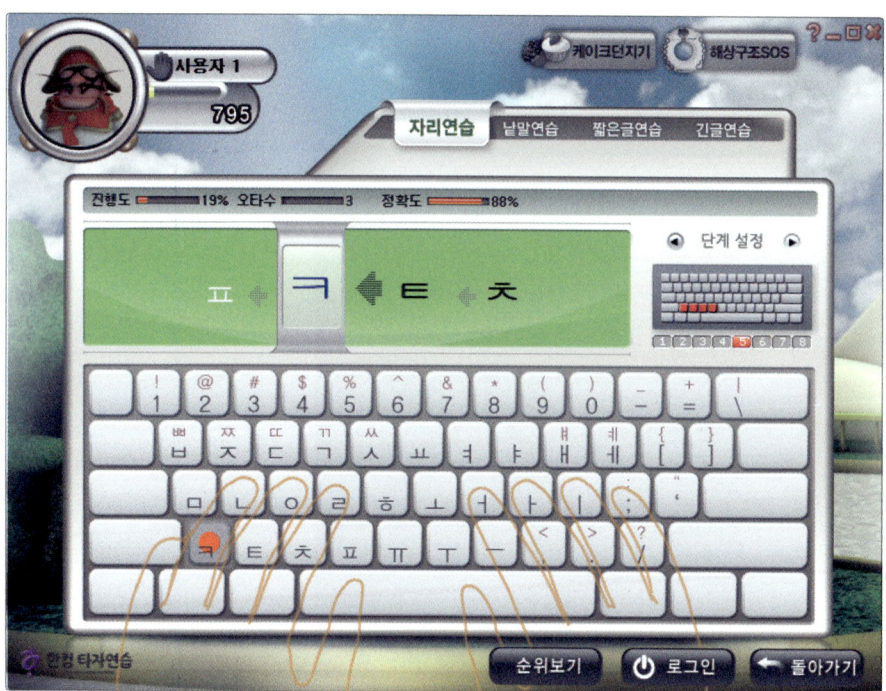

❺ '아래' 자리 연습을 완료했으면 5단계, 6단계 칸에 각각 하트 모양의 스티커를 붙여 주세요.

1단계	2단계	3단계	4단계	5단계	6단계	7단계	8단계
				♡	♡		

❻ 5단계, 6단계 '자리 연습 결과'를 확인하여 빈칸에 적어보세요.

총타수   총타수

오타수   오타수

정확도   정확도

　　　　[5단계]　　　　　　　　　　[6단계]

❼ [계속] 버튼을 눌러 타자연습을 계속 진행할 수 있어요. 만약 정확도가 높으면 '다음 단계', 정확도가 낮으면 '현재 단계'가 다시 진행될 거예요.

06 색을 조합해 색칠하기

학습목표

> 타자 프로그램을 실행하여 '자리 연습 7단계-쌍자음 자리'를 연습합니다.
>
> 색을 조합하여 원하는 그림에 색상을 채웁니다.

실습파일 : ColorMixerInstall.exe

1 컬러믹서 실행하기

01 [06차시] 폴더 안의 'ColorMixerInstall.exe' 파일을 더블 클릭하여 컬러믹서를 설치합니다.

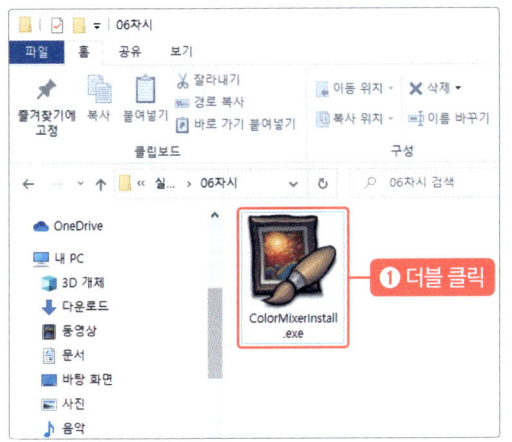
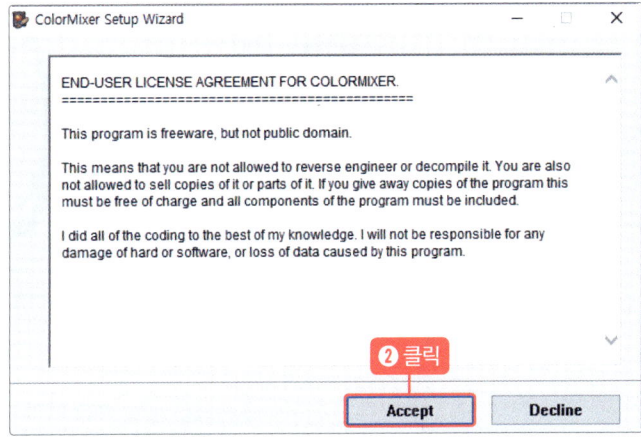
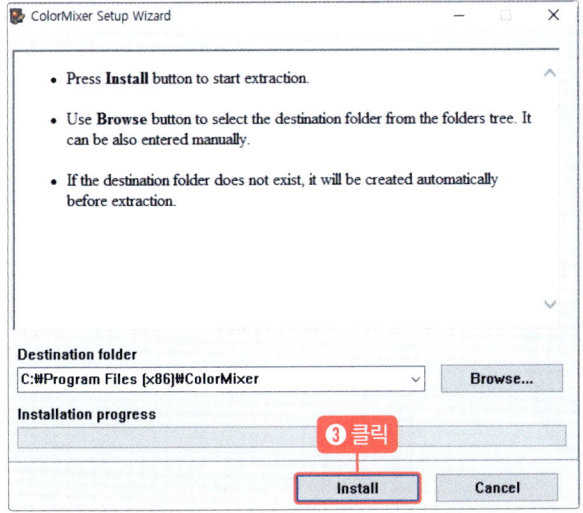
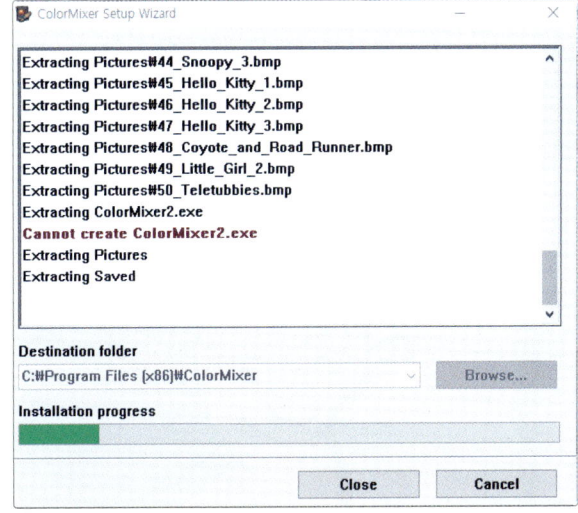

② 5가지의 색을 조합하여 그림 색칠하기

01 를 클릭하여 원하는 그림을 선택합니다.

02 왼쪽 메뉴에서 다양한 색상의 물감을 섞어 하늘색을 만들어보도록 하겠습니다.

03 를 선택한 다음 컵을 클릭하여 물감을 담아주세요. 그다음 를 클릭한 후 파란색이 들어있는 컵을 선택해 하늘색이 만들어지면 원하는 곳을 클릭하여 색상을 채워줍니다.

💡 컵 주변의 ❌를 클릭하면 물감이 들어있는 컵을 깨끗하게 비울 수 있어요.

04 다양한 색을 만들어 그림을 예쁘게 색칠해 보세요.

1 새로운 그림을 선택하여 예쁘게 색칠한 다음 펜 도구로 꾸며보고, 완성된 작품을 원하는 위치에 저장해 보세요.

❶ 물감으로 색을 채울 때 사용하는 도구예요.

❷ 자유롭게 그림을 그릴 수 있는 펜 도구예요.

❸ 펜으로 그린 그림을 지울 수 있는 지우개예요.

❹ 펜과 지우개의 크기를 지정할 수 있어요.

❺ 완성된 작품을 저장할 수 있어요.

자리 연습 7단계
쌍자음

1 [시작(⊞)]을 클릭한 다음 '한컴 타자연습'을 찾아 선택합니다.

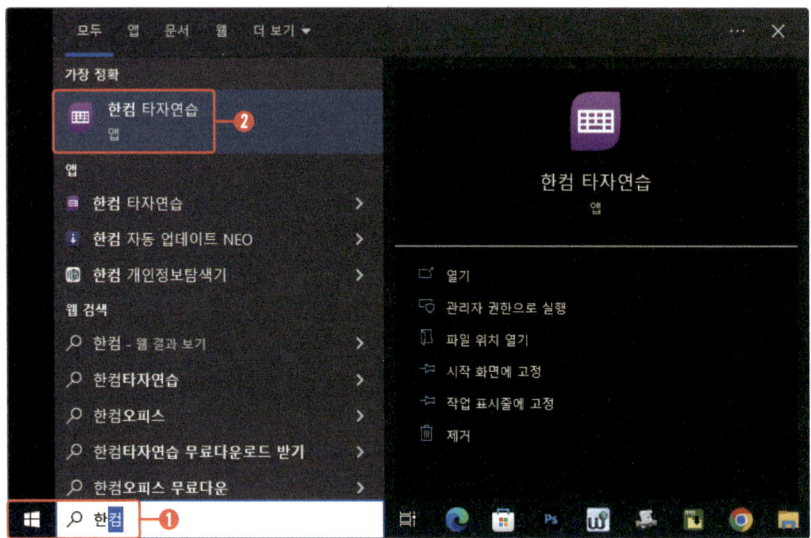

2 [자리연습]에서 '7'을 선택한 다음 [시작] 버튼을 클릭하여 타자연습을 시작합니다.

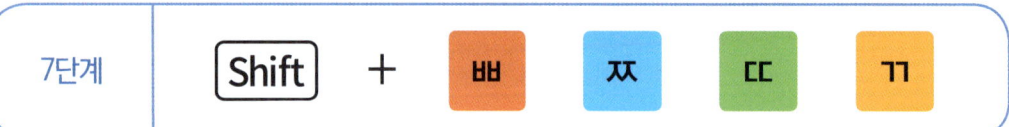

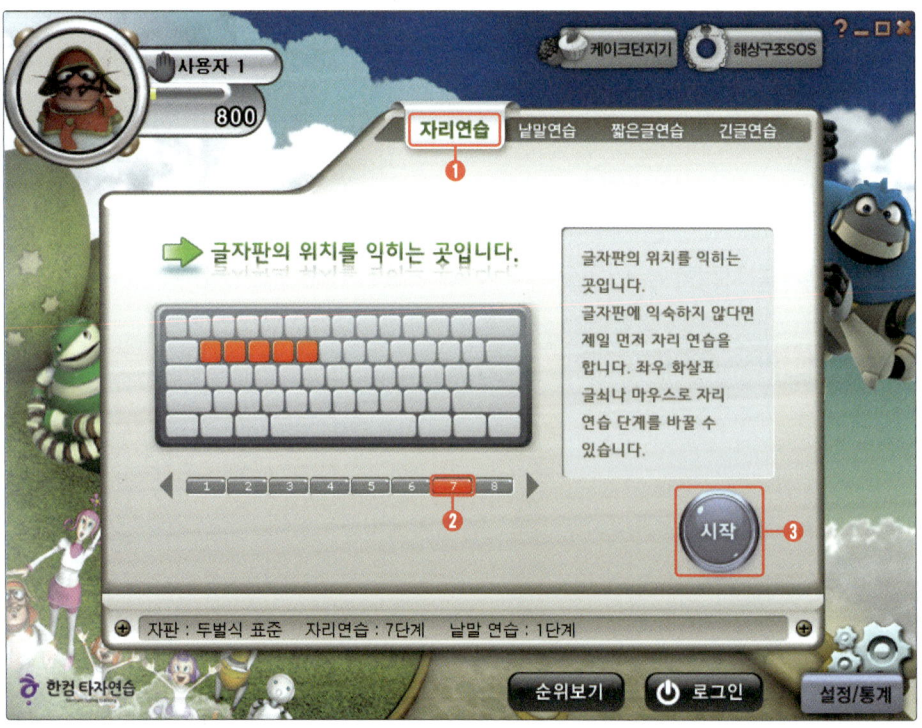

❸ 자리 연습 7단계가 시작되면 그림자와 동일하게 키보드에 손가락을 올립니다.

❹ 주황색 점이 있는 곳을 알맞은 손가락으로 누르면서 타자 연습을 합니다.

❺ '쌍자음' 자리 연습을 완료했으면 7단계 칸에 하트 모양의 스티커를 붙여 주세요.

1단계	2단계	3단계	4단계	5단계	6단계	7단계	8단계
						♡	

❻ 7단계 '자리 연습 결과'를 확인하여 빈칸에 적어보세요.

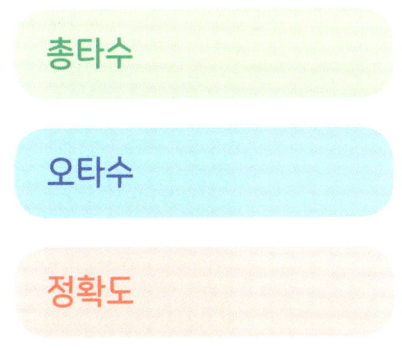
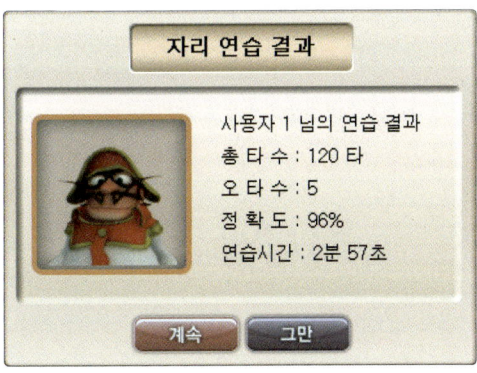

❼ [계속] 버튼을 눌러 타자연습을 계속 진행할 수 있어요. 만약 정확도가 높으면 '다음 단계', 정확도가 낮으면 '현재 단계'가 다시 진행될 거예요.

07 사진 합성하기

학습목표

> 타자 프로그램을 실행하여 '자리 연습 8단계-쌍모음 자리'를 연습합니다.
> 포토퍼니아 사이트를 이용하여 간단하게 사진 합성을 해봅니다.

실습파일 : [07차시] 폴더의 동물그림

1 포토퍼니아 사이트에 접속하기

01 인터넷을 실행한 다음 '포토퍼니아'를 검색하여 접속합니다.

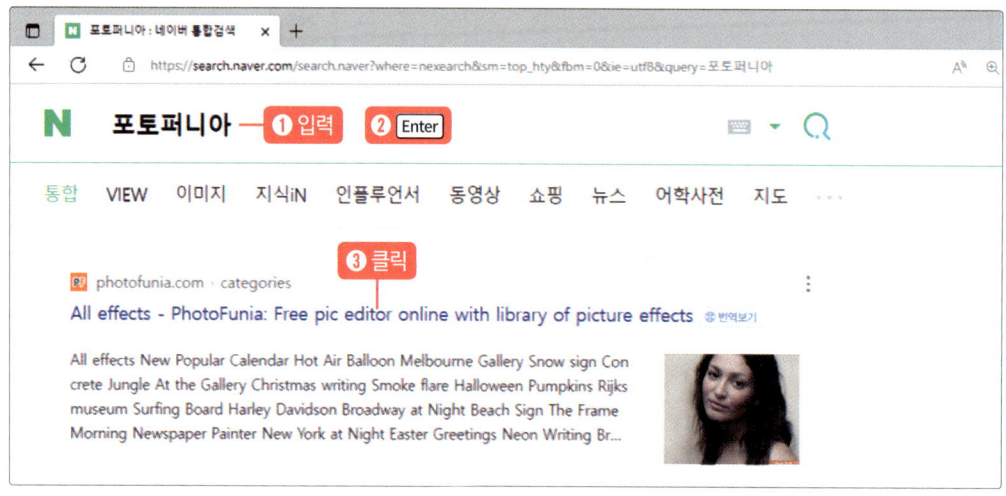

02 영어로 입력된 사이트의 언어를 바꾸기 위해 스크롤바를 아래쪽으로 내려서 [All languages]-[한국어]를 선택합니다.

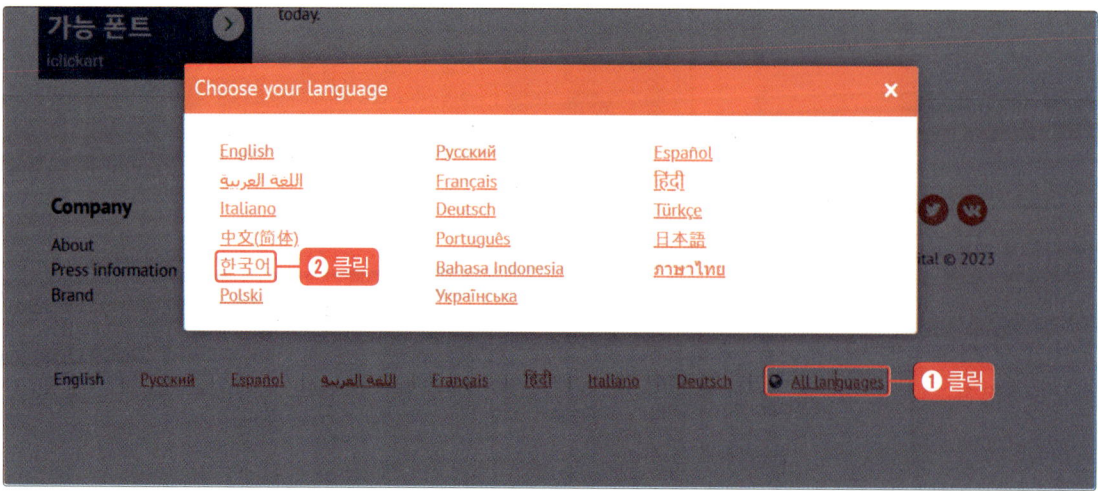

42

② 멋지게 사진을 합성하기

01 왼쪽 카테고리 중 [갤러리]를 클릭한 다음 원하는 효과를 선택합니다.

02 아래 과정을 따라 액자에 동물 사진을 합성한 다음 완성된 작품을 [다운로드] 해보세요.

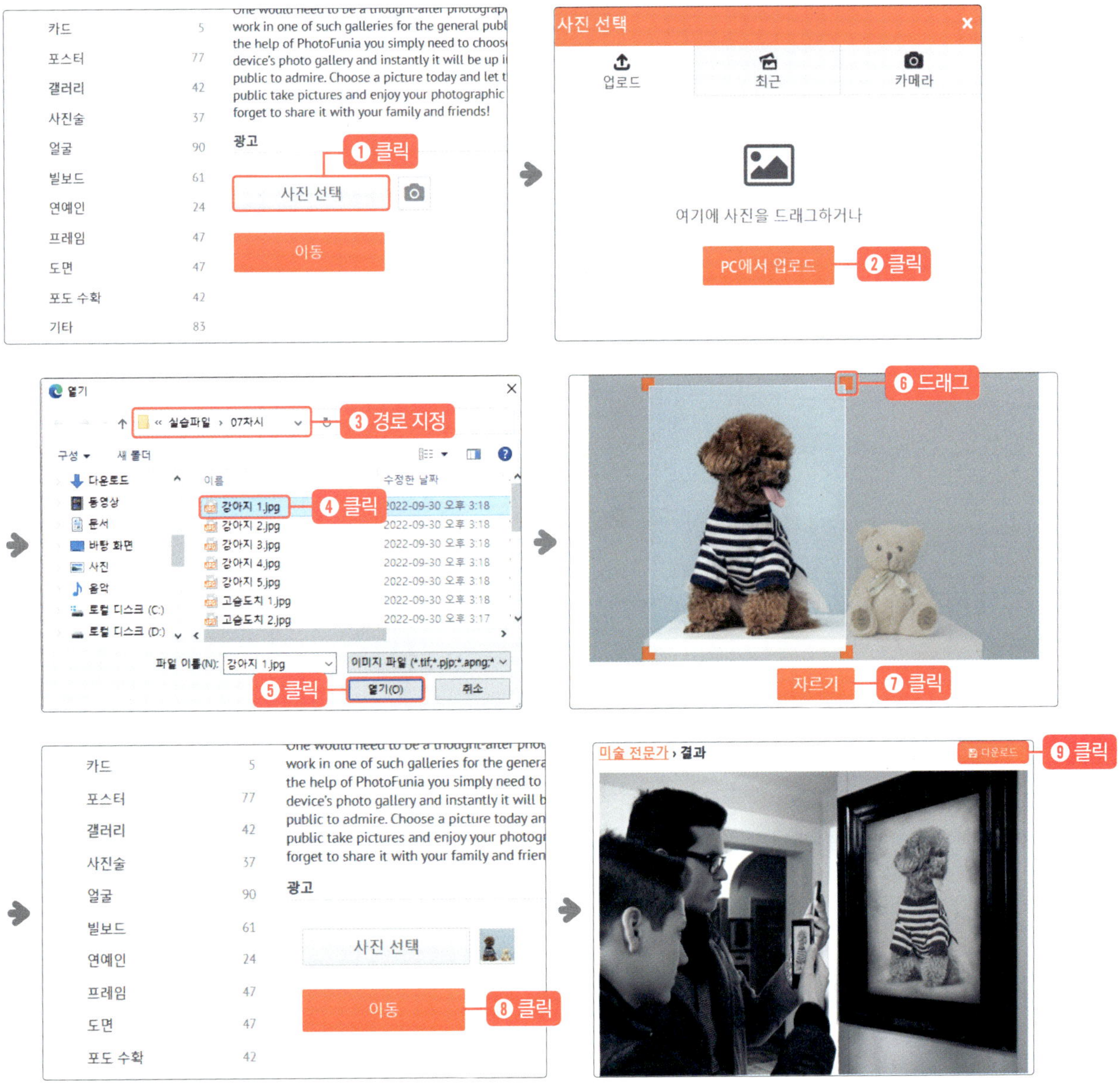

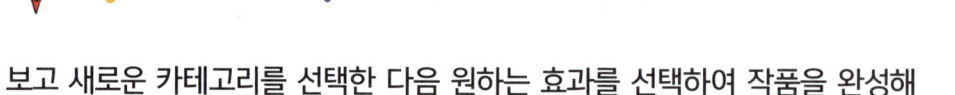

1 아래 예시를 보고 새로운 카테고리를 선택한 다음 원하는 효과를 선택하여 작품을 완성해 보세요.

- [기타] 카테고리에서 '라떼아트' 효과를 이용해 작업했어요.

2 여러 장의 사진을 합성하여 작품을 완성해 보세요.

- [사진술] 카테고리에서 '여름 일기' 효과를 이용해 작업했어요.
- 2개의 사진을 업로드한 다음 일기장에 넣을 내용도 입력하여 완성할 수 있어요.

💡 번역된 카테고리와 효과의 이름은 바뀔 수 있어요. 책 내용을 참고하여 원하는 효과를 선택해 작업해 보세요.

자리 연습 8단계
쌍모음

❶ [시작(⊞)]을 클릭한 다음 '한컴 타자연습'을 찾아 선택합니다.

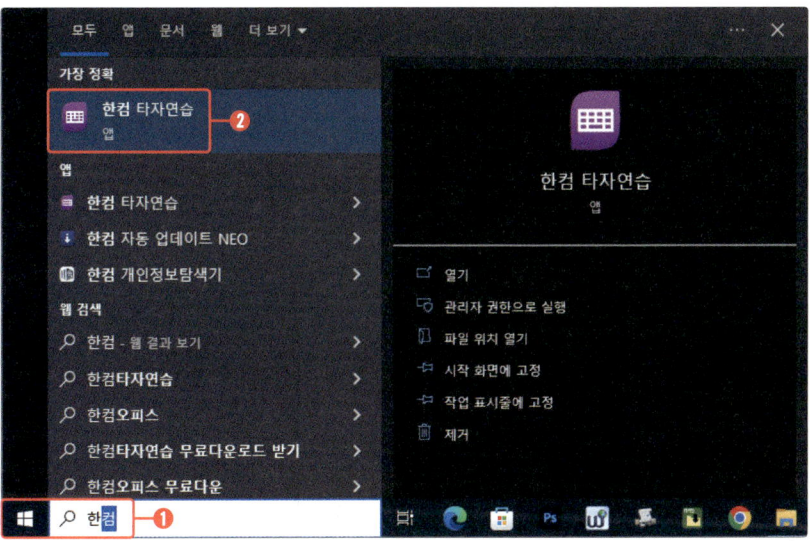

❷ [자리연습]에서 '8'을 선택한 다음 [시작] 버튼을 클릭하여 타자연습을 시작합니다.

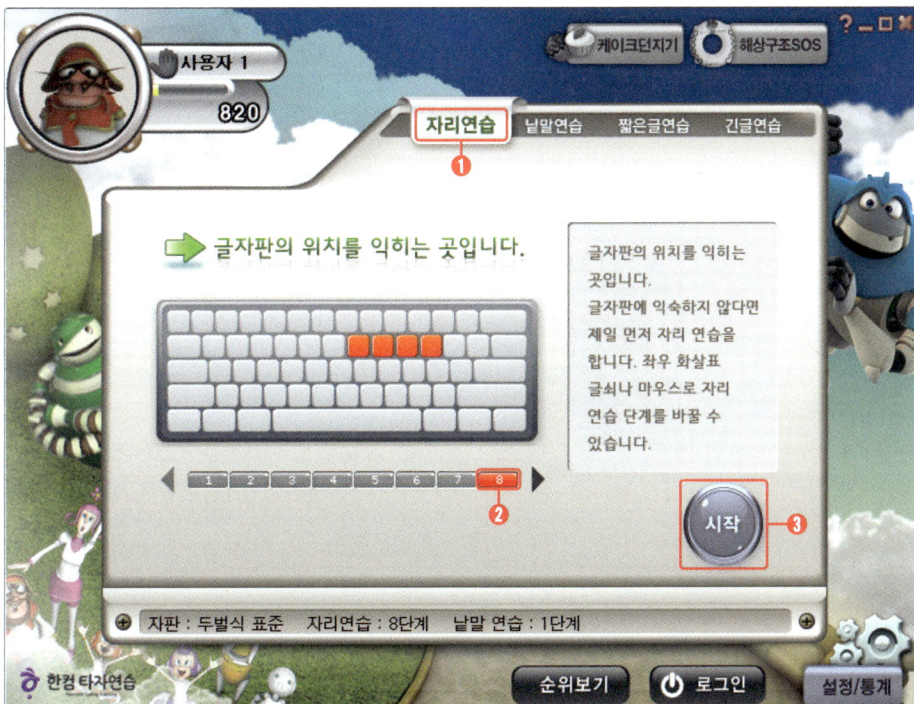

❸ 자리 연습 8단계가 시작되면 그림자와 동일하게 키보드에 손가락을 올립니다.

❹ 주황색 점이 있는 곳을 알맞은 손가락으로 누르면서 타자 연습을 합니다.

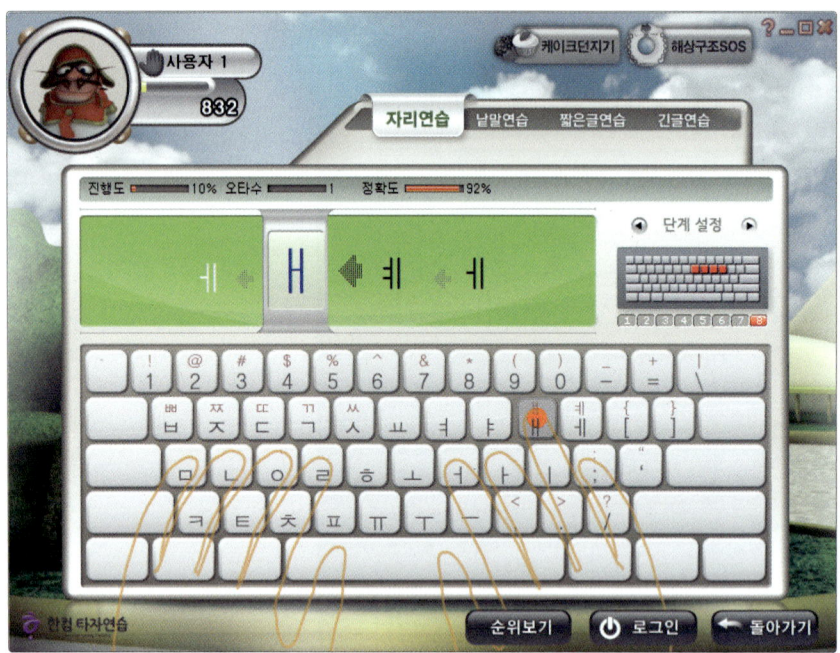

❺ '쌍모음' 자리 연습을 완료했으면 1~8단계 모든 칸에 하트 모양의 스티커를 붙여 주세요.

자리 연습 완료!

1단계	2단계	3단계	4단계	5단계	6단계	7단계	8단계
♡	♡	♡	♡	♡	♡	♡	♡

❻ 8단계 '자리 연습 결과'를 확인하여 빈칸에 적어보세요.

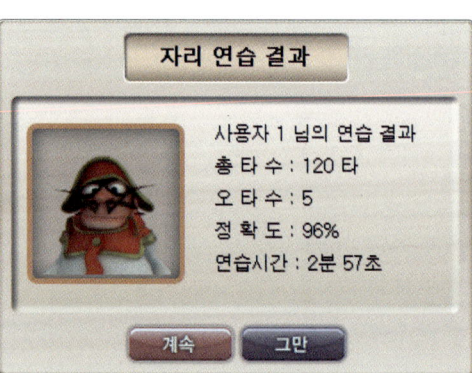

❼ [계속] 버튼을 눌러 타자연습을 계속 진행할 수 있어요. 만약 정확도가 높으면 '다음 단계', 정확도가 낮으면 '현재 단계'가 다시 진행될 거예요.

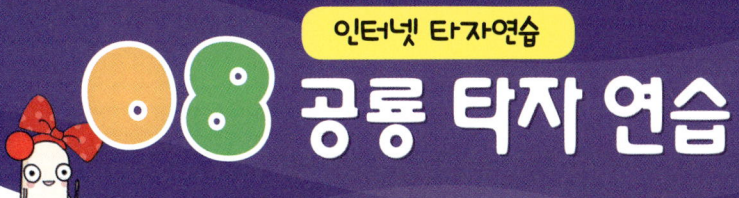

1 공룡타자연습으로 숫자 글쇠 익히기

① 공룡타자연습은 어린이를 위한 '공룡과 함께하는 무료 타자연습' 사이트예요.

② 인터넷을 실행한 다음 '공룡타자연습'을 검색하여 접속합니다.

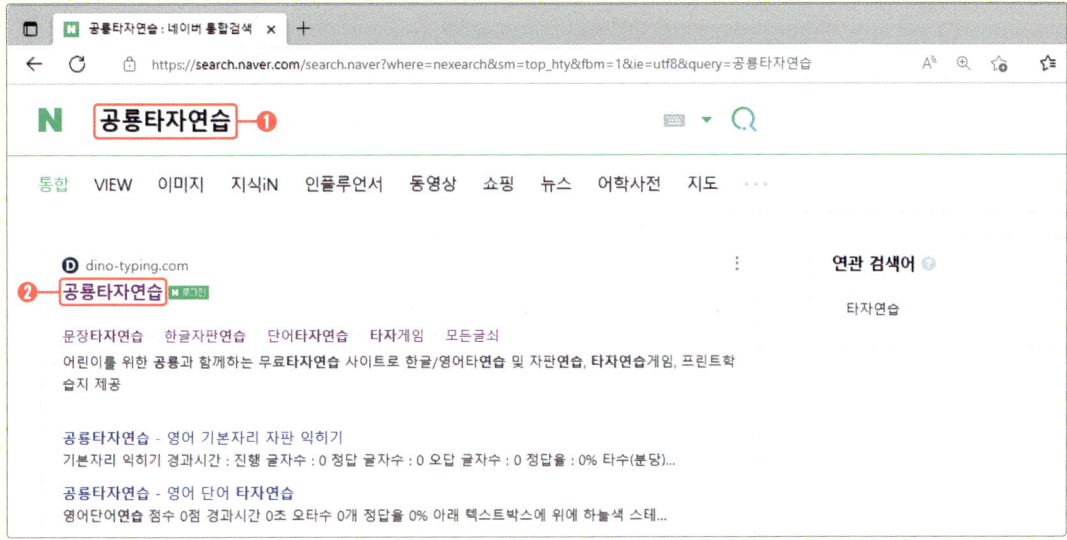

③ 상단 메뉴에서 [한글자판연습]을 클릭한 다음 [숫자글쇠]를 선택합니다.

④ 아래와 같은 화면이 나오면 [시작하기]를 클릭해요.

💡 공룡타자연습 사이트에는 광고가 표시되어 화면 구성이 조금 다르게 보일 수 있으니 참고하도록 해요!

⑤ 키보드 위쪽의 숫자 키를 누르면서 키보드의 숫자글쇠를 연습해 보세요.

❷ 공룡타자연습으로 숫자패드 글쇠 익히기

❶ 이번에는 왼쪽 메뉴에서 [자판연습]-[숫자패드글쇠 익히기]를 클릭하여 연습해볼까요?

💡 만약 입력이 되지 않을 경우에는 [Num Lock] 키를 눌러 숫자패드를 활성화시킨 후 다시 연습해보세요.

❷ 숫자패드에 대해 자세히 알아보겠습니다.

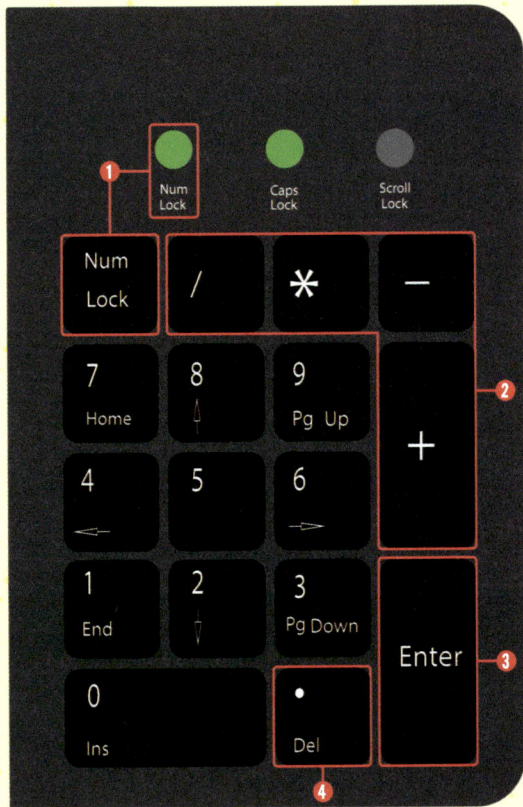

❶ '넘락 [Num Lock]' 키를 누를 때마다 번갈아가며 숫자패드가 활성화 돼요. 숫자패드가 비활성화 상태라면 입력이 불가능해요.

❷ 수학 연산 기호로, ÷(나눗셈), ×(곱셈), −(뺄셈), +(덧셈) 순서대로 표시되어 있어요.

❸ '엔터 [Enter]' 키를 누르면 글자 입력을 완료할 수 있어요.

❹ 문장에 마침표를 입력할 때 이용해요.

💡 [Enter] 키와 마침표(.)는 키보드에 각각 2개씩 존재한답니다. 어디에 있는지 찾아볼까요?

08 공룡 타자 연습   49

3 공룡타자연습으로 모든 자리 글쇠 익히기

❶ 이번에는 왼쪽 메뉴에서 [자판연습]-[모든자리글쇠 익히기]를 클릭한 다음 연습을 시작해 보세요. 1~8단계 자리연습을 복습하는 과정이랍니다.

❷ 다음 시간부터는 낱말 입력을 연습할 거예요. 컴퓨터를 이용하여 낱말 글자를 입력할 때 가장 중요한 것은 입력 순서예요. 아래 <보기>를 참고하여 낱말을 입력하기 위한 알맞은 순서를 적어보세요.

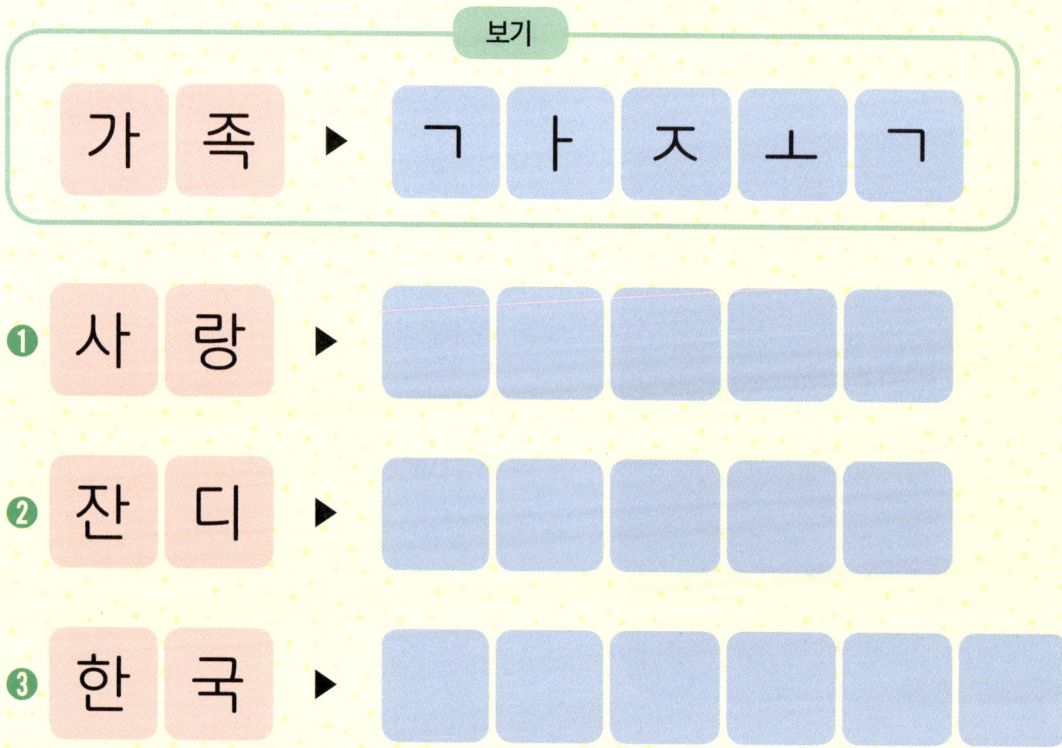

09 윈도우 10 시작하기

학습목표

> 타자 프로그램을 실행하여 '낱말 연습 1단계-기본 낱말'을 연습합니다.
> '윈도우 10'의 화면 구성에 대해 알아봅니다.
> '윈도우 10'에 설치된 앱을 실행해 봅니다.

1 윈도우 10 바탕화면 살펴보기

① 바탕화면 : 컴퓨터의 바탕이 되는 기본 화면입니다.

② 아이콘 : 윈도우에 설치되어 있는 여러 가지 프로그램을 작은 모양으로 나타낸 것입니다.

③ 시작 버튼 : 시작 메뉴를 화면에 보여 줍니다.

④ 전원 버튼 : 컴퓨터를 다시 시작하거나 끌 수 있습니다.

⑤ 검색 상자 : 앱이나 문서를 검색할 수 있습니다.

⑥ 작업 표시줄 : 현재 실행 중인 프로그램이 고정 아이콘으로 표시됩니다.

⑦ 알림 아이콘 : 시스템이나 앱의 알림을 표시합니다.

❷ 여러 가지 방법으로 앱 실행하기

01 [시작(⊞)] 버튼을 눌러 목록을 나타냅니다. 마우스 휠을 아래로 내려 [ㄴ] 목록의 [날씨] 앱을 클릭하여 실행해 봅니다.

> 앱이 실행된 것을 확인한 후, 닫기(✕) 버튼을 클릭하여 앱을 닫습니다.

02 [시작(⊞)] 버튼을 눌러 목록을 나타냅니다. 오른쪽 라이브 타일 앱에서 [날씨]를 클릭하여 실행해 봅니다.

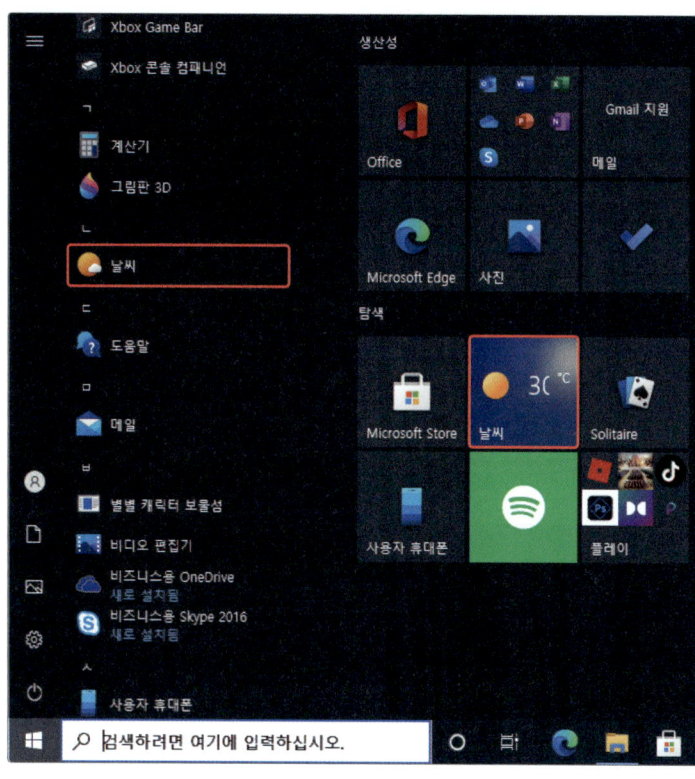

03 작업 표시줄의 검색 상자에 앱 이름인 '날씨'를 입력하고 Enter 를 눌러 앱을 실행해 봅니다.

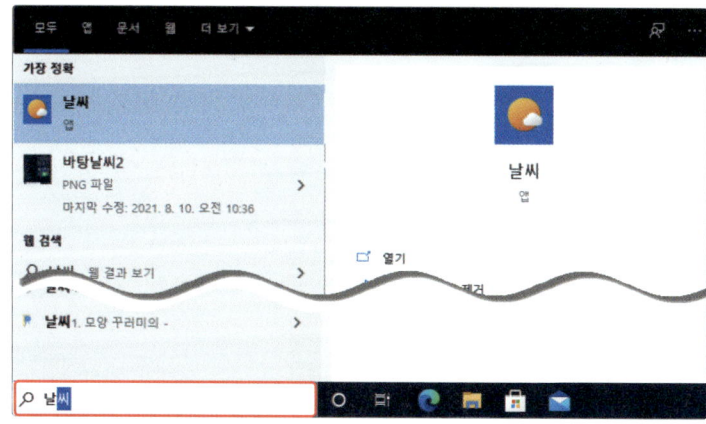

04 바탕 화면의 [Microsoft Edge] 아이콘을 더블 클릭하여 실행해 봅니다.

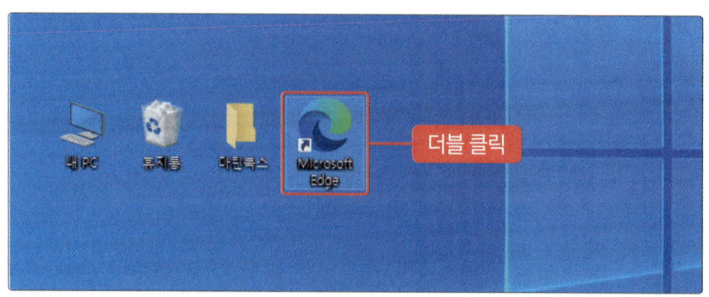

05 작업 표시줄에 고정된 [Microsoft Edge] 아이콘을 클릭하여 실행해 봅니다.

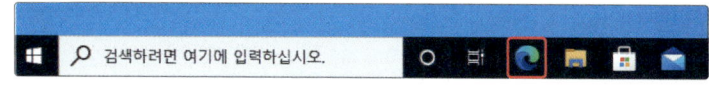

1 컴퓨터 바탕화면을 살펴보고 나온 친구들이 설명하는 것에 알맞은 구성 요소를 빈칸에 번호로 쓰세요.

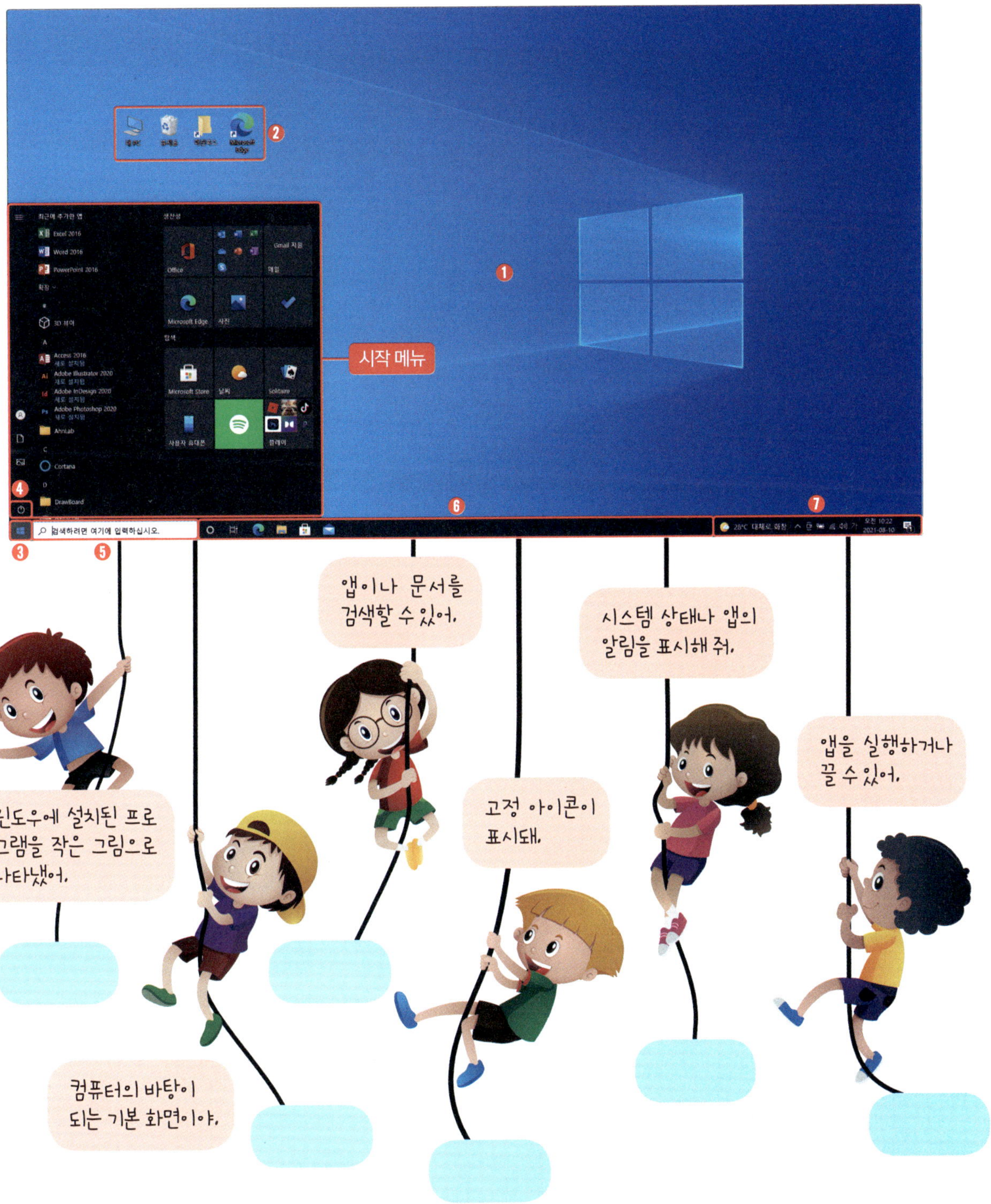

- 윈도우에 설치된 프로그램을 작은 그림으로 나타냈어.
- 앱이나 문서를 검색할 수 있어.
- 컴퓨터의 바탕이 되는 기본 화면이야.
- 고정 아이콘이 표시돼.
- 시스템 상태나 앱의 알림을 표시해 줘.
- 앱을 실행하거나 끌 수 있어.

낱말 연습 1단계
기본

① [시작(⊞)]을 클릭한 다음 '한컴 타자연습'을 찾아 선택합니다.

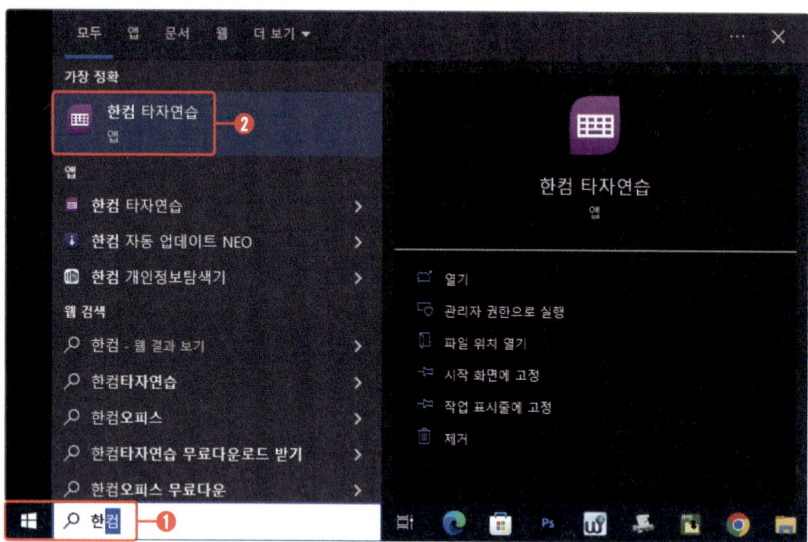

② [낱말연습]에서 '1'을 선택한 다음 [시작] 버튼을 클릭하여 타자연습을 시작합니다.

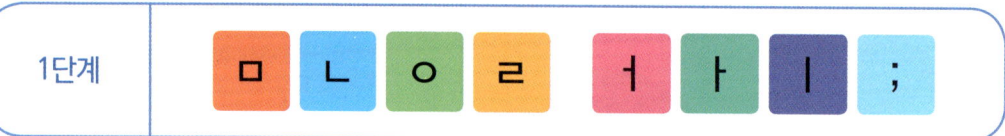

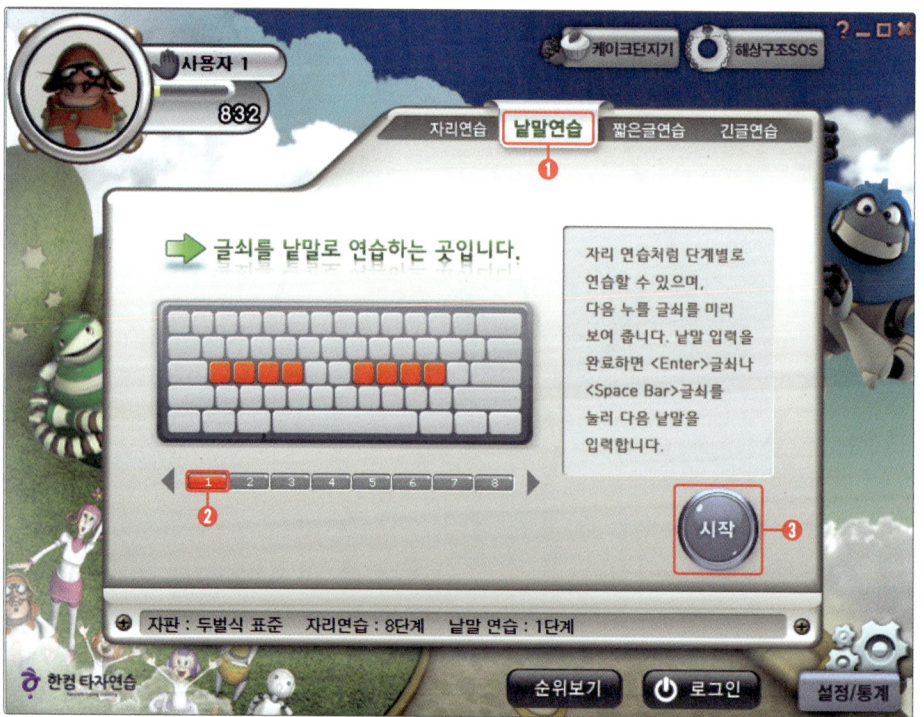

❸ 낱말 연습 1단계가 시작되면 그림자와 동일하게 키보드에 손가락을 올립니다.

❹ 주황색 점이 있는 곳을 알맞은 손가락으로 누르면서 타자 연습을 합니다. Enter (엔터) 키 또는 Space Bar (스페이스바)를 눌러 단어 입력을 완료할 수 있어요.

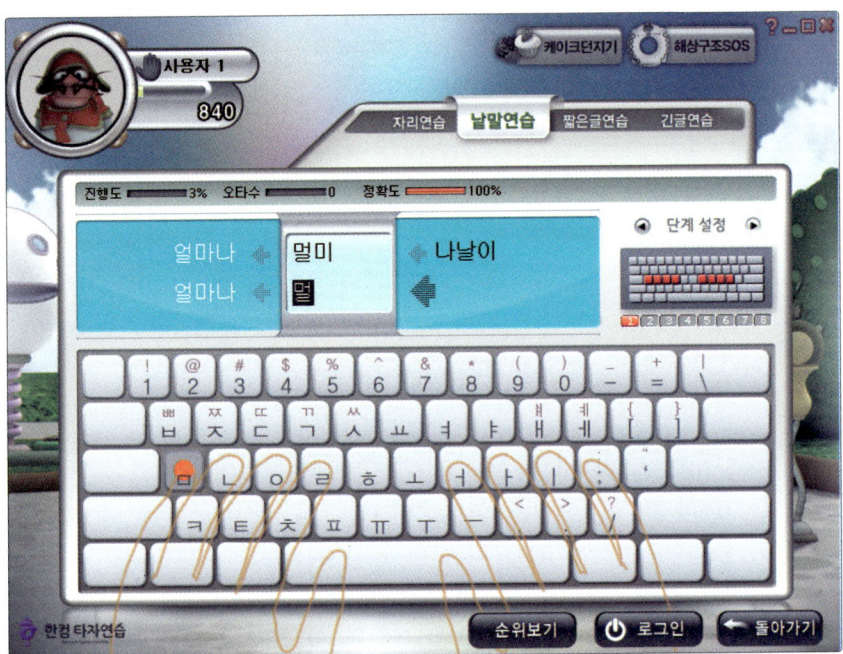

❺ '기본' 낱말 연습을 완료했으면 1단계 칸에 스마일 모양의 스티커를 붙여 주세요.

1단계	2단계	3단계	4단계	5단계	6단계	7단계	8단계
☺							

❻ 1단계 '낱말 연습 결과'를 확인하여 빈칸에 적어보세요.

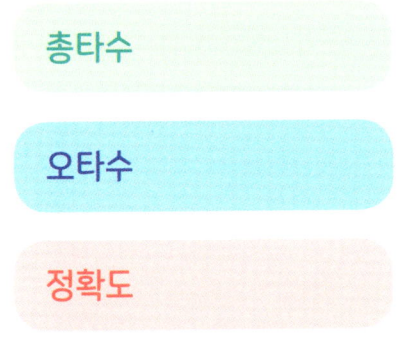

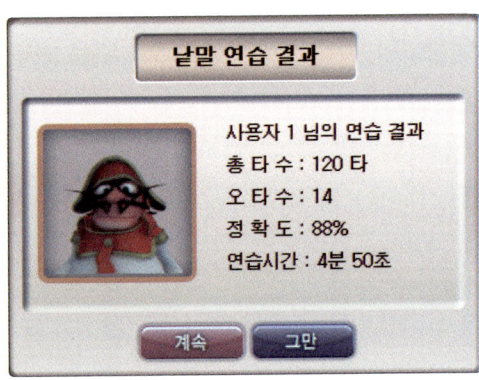

❼ [계속] 버튼을 눌러 타자연습을 계속 진행할 수 있어요. 만약 정확도가 높으면 '다음 단계', 정확도가 낮으면 '현재 단계'가 다시 진행될 거예요.

10 바탕 화면 꾸미기

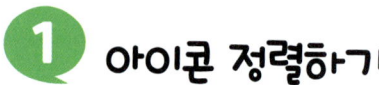

> ▶ 타자 프로그램을 실행하여 '낱말 연습 2단계-왼손 위 낱말'을 연습합니다.
> ▶ 바탕 화면의 아이콘을 정리해 봅니다.
> ▶ 바탕 화면의 배경을 원하는 사진으로 꾸며 봅니다.

실습파일 : 고양이.jpg

1 아이콘 정렬하기

바탕 화면의 빈 곳에서 마우스 오른쪽 버튼을 클릭하여 바로 가기 메뉴를 엽니다.

01 [보기]-[아이콘 자동 정렬] 클릭   결과

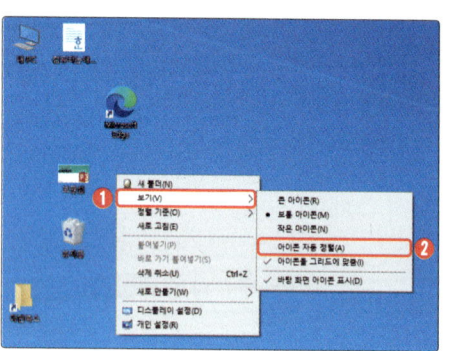

아이콘이 '자동'으로 정렬된 결과를 확인합니다.

02 [정렬 기준]-[이름] 클릭   결과

아이콘이 '이름' 순서대로 정렬된 결과를 확인합니다.

2 아이콘 삭제하기

아이콘 위에서 마우스 오른쪽 버튼을 클릭한 다음, [삭제]를 선택합니다.

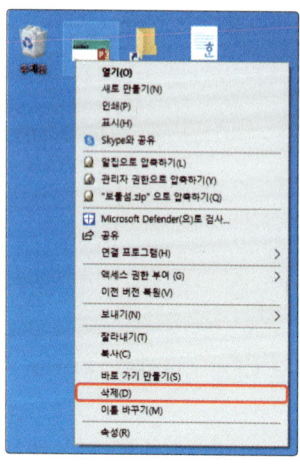

3 아이콘 숨기기

바로 가기 메뉴의 [보기]-[바탕 화면 아이콘 표시] 선택을 해제하면 아이콘이 바탕 화면에서 사라집니다.

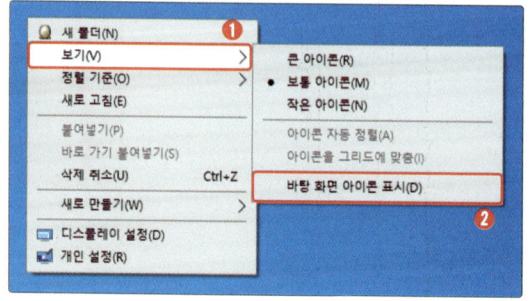

④ 바탕 화면 배경 바꾸기

01 바탕 화면의 빈 곳에 마우스 오른쪽 버튼을 클릭하여 나타나는 바로가기 메뉴에서 [개인 설정]을 선택합니다.

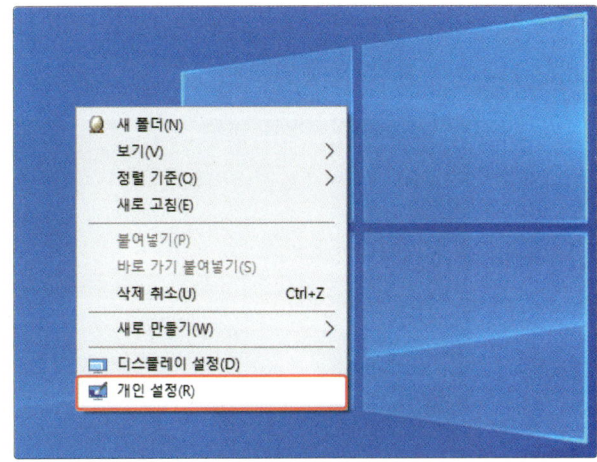

02 [사용자 사진 선택]에서 원하는 사진을 선택하여 바탕 화면의 배경을 바꾸어 봅니다.

03 [찾아보기] 버튼을 클릭하면 다른 사진을 선택할 수 있습니다. [실습 파일]-[10차시] 폴더, '고양이.JPG' 사진을 선택하여 바탕 화면의 배경을 바꾸어 봅니다.

04 선택한 사진이 배경으로 설정된 것을 확인합니다.

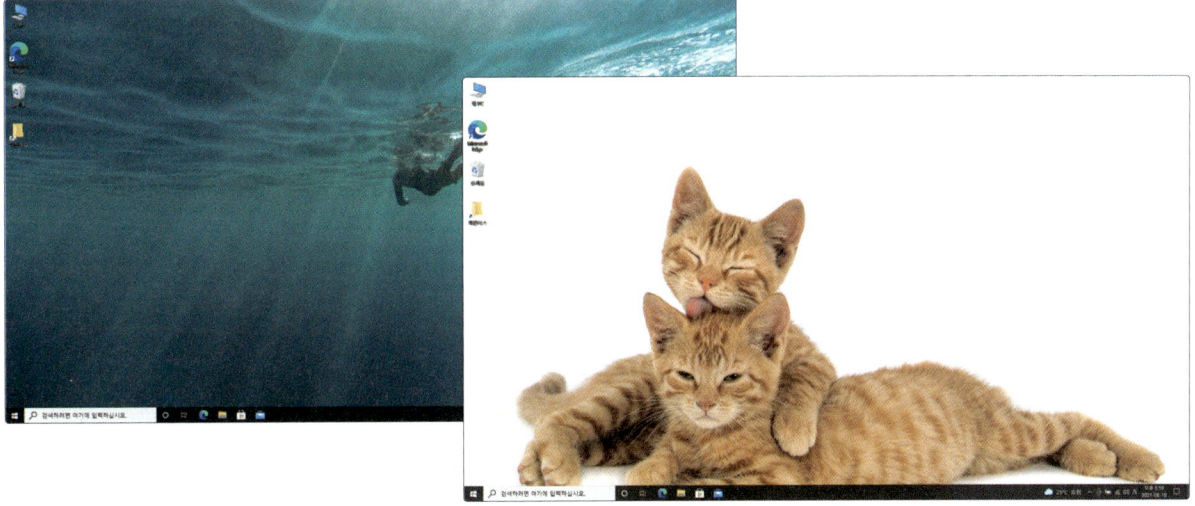

1 바탕 화면 배경을 [실습파일]-[10차시] 폴더의 '데이터.jpg'로 지정합니다. 그리고 아이콘을 자동 정렬해 보세요.

실습파일 : 데이터.jpg

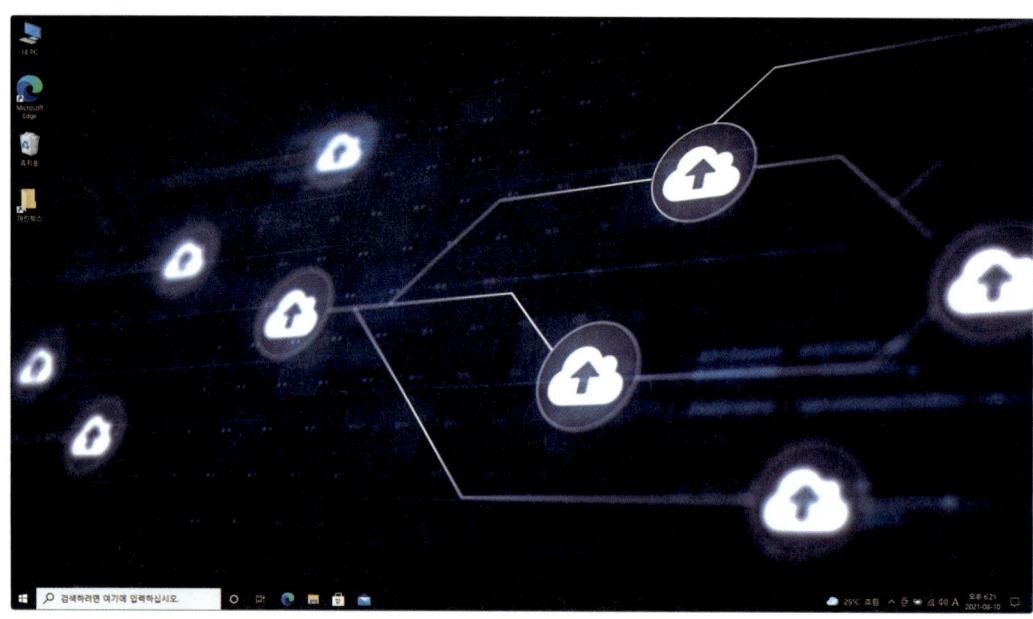

2 바탕 화면 배경을 [실습파일]-[10차시] 폴더의 '동물.jpg'로 지정합니다. 그리고 아이콘 자동 정렬을 해제하고 다음 그림과 같이 정렬해 보세요.

실습파일 : 동물.jpg

낱말 연습 2단계
왼손 위

① [시작(■)]을 클릭한 다음 '한컴 타자연습'을 찾아 선택합니다.

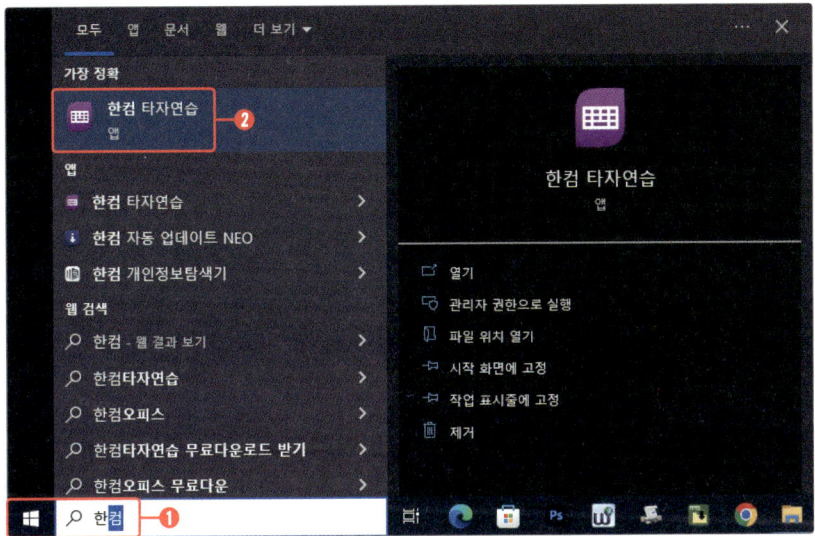

② [낱말연습]에서 '2'를 선택한 다음 [시작] 버튼을 클릭하여 타자연습을 시작합니다.

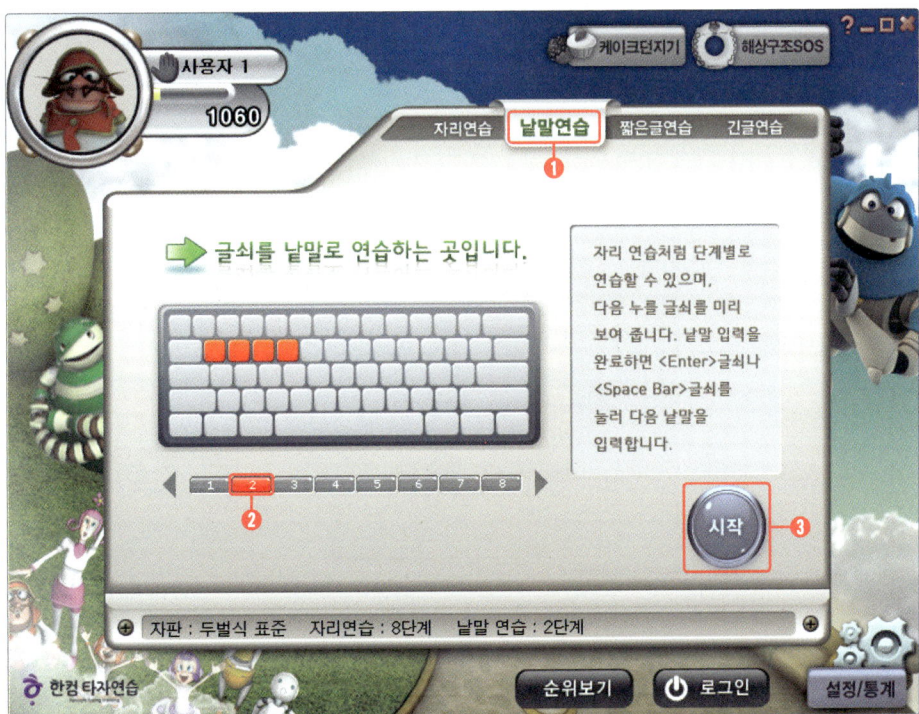

❸ 낱말 연습 2단계가 시작되면 그림자와 동일하게 키보드에 손가락을 올립니다.

❹ 주황색 점이 있는 곳을 알맞은 손가락으로 누르면서 타자 연습을 합니다. Enter (엔터) 키 또는 Space Bar (스페이스바)를 눌러 단어 입력을 완료할 수 있어요.

❺ '왼손 위' 낱말 연습을 완료했으면 2단계 칸에 스마일 모양의 스티커를 붙여 주세요.

1단계	2단계	3단계	4단계	5단계	6단계	7단계	8단계
	☺						

❻ 2단계 '낱말 연습 결과'를 확인하여 빈칸에 적어보세요.

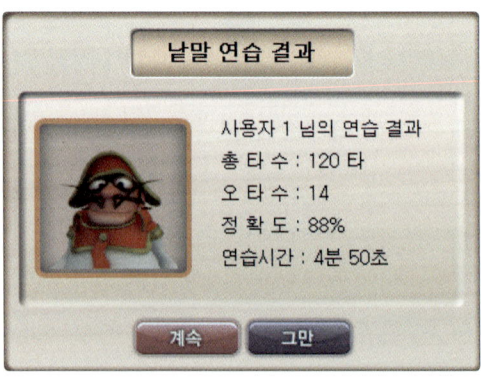

❼ [계속] 버튼을 눌러 타자연습을 계속 진행할 수 있어요. 만약 정확도가 높으면 '다음 단계', 정확도가 낮으면 '현재 단계'가 다시 진행될 거예요.

11 작업 표시줄 다루기

학습목표

- 타자 프로그램을 실행하여 '낱말 연습 3단계-검지 낱말'을 연습합니다.
- 작업 표시줄의 크기와 위치를 바꾸어 봅니다.
- 작업 표시줄에 아이콘을 고정시켜 봅니다.

1 작업 표시줄 크기 바꾸기

01 [작업 표시줄]의 빈 공간에서 마우스 오른쪽 버튼을 클릭한 다음, [작업 표시줄 잠금]을 클릭하여 체크 표시를 해제합니다.

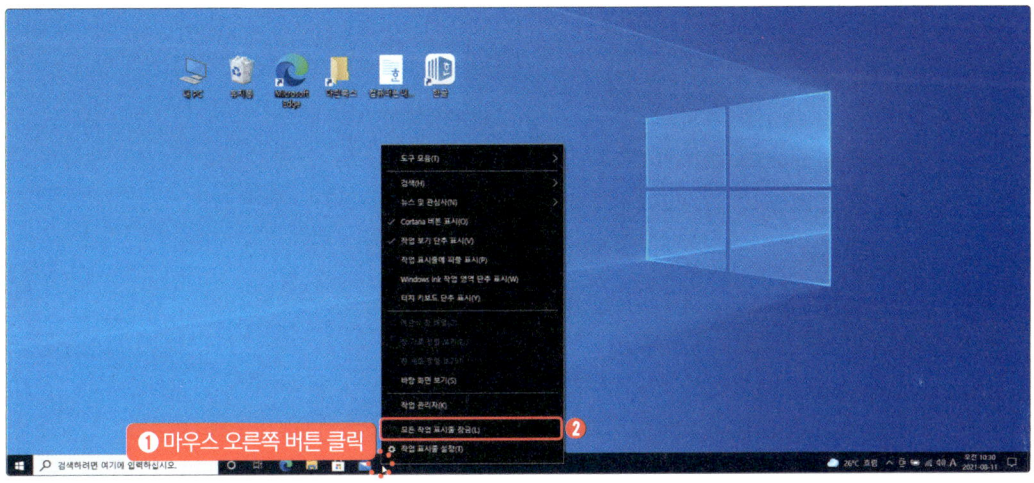

02 작업 표시줄과 바탕 화면이 만나는 경계선으로 마우스 포인터를 이동하여 이중 화살표(↕) 모양으로 바뀌는 것을 확인합니다. 이중 화살표 모양일 때, 작업 표시줄을 위아래로 드래그하여 높이를 조절해 봅니다.

② 작업 표시줄 위치 바꾸기

작업 표시줄 위에서 마우스 포인터가 화살표 모양(↕)일 때 '위쪽, 왼쪽, 오른쪽' 위치로 각각 드래그해 봅니다.

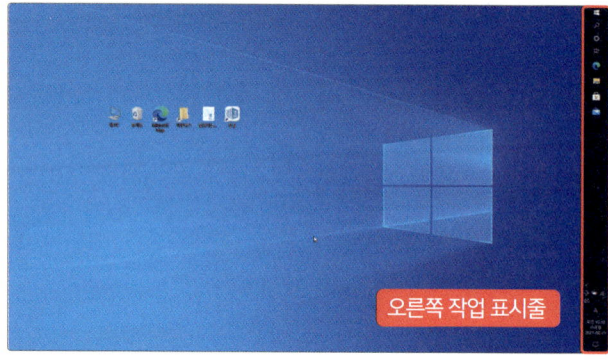

③ 작업 표시줄에 아이콘 넣기

아이콘을 오른쪽 마우스로 클릭하여 [작업 표시줄에 고정] 메뉴를 선택하면 작업 표시줄에 해당 아이콘이 고정됩니다.

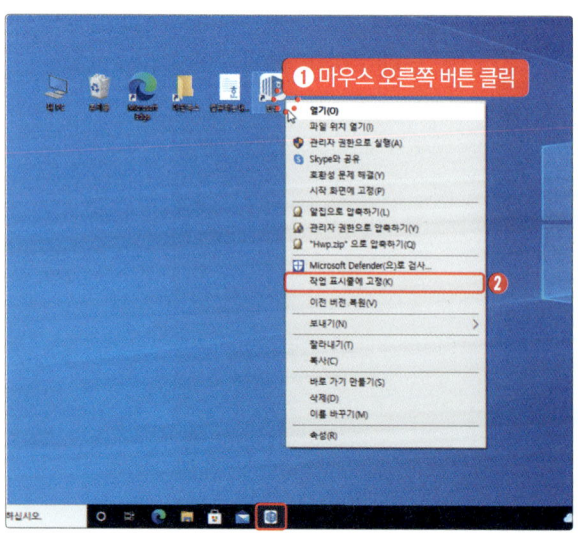

④ 작업 표시줄의 아이콘 제거하기

작업 표시줄에 고정된 아이콘을 마우스 오른쪽 버튼으로 클릭한 후, [작업 표시줄에서 제거] 메뉴를 선택하면 아이콘이 작업 표시줄에서 제거됩니다.

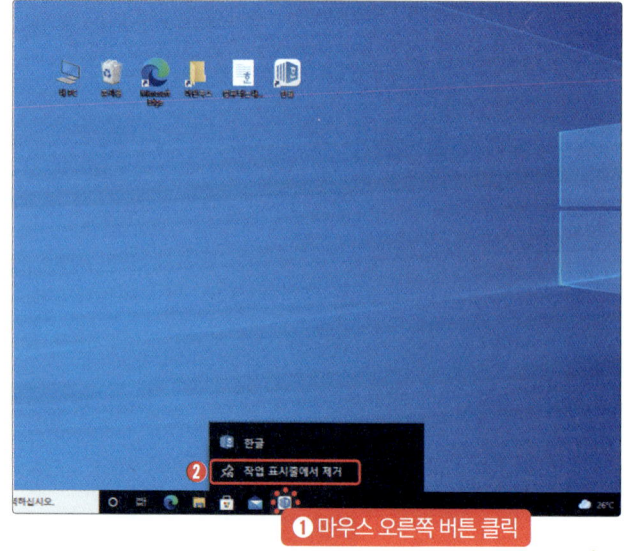

1. 작업 표시줄의 위치를 옮겨 다음 그림과 같이 되도록 만들어 보세요.

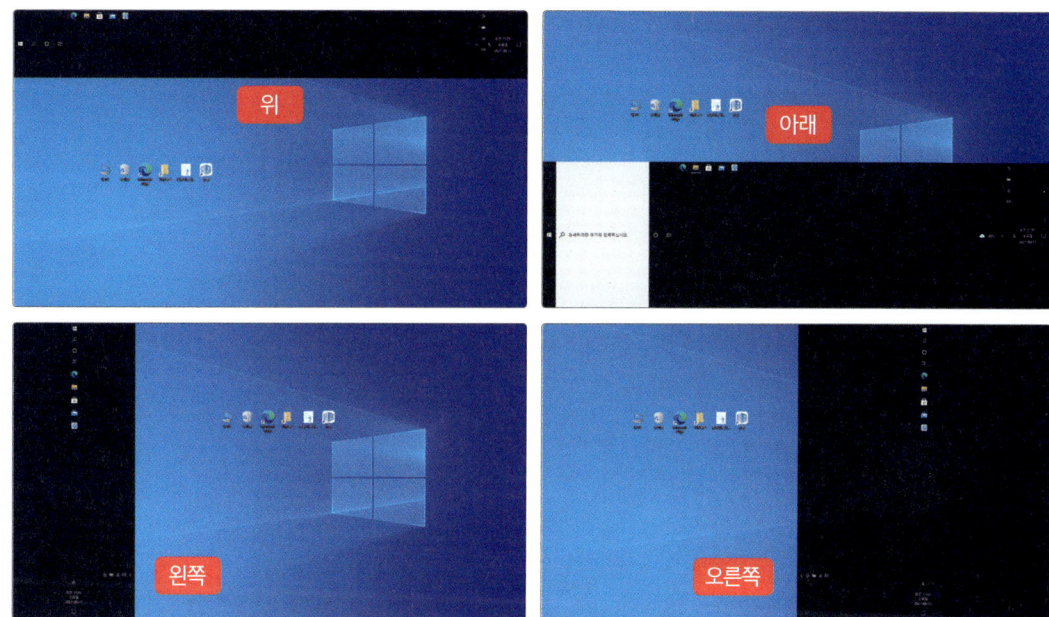

2. [시작(■)] 버튼을 눌러 [계산기]와 [지도] 앱을 찾습니다. 각각의 앱 아이콘을 오른쪽 마우스 버튼으로 클릭한 후 [자세히]-[작업 표시줄에 고정]을 선택하여 작업 표시줄에 고정시켜 보세요.

3. '지도' 아이콘을 클릭-드래그하여 왼쪽 칸으로 옮겨 보세요.

낱말 연습 3단계
검지

① [시작(⊞)]을 클릭한 다음 '한컴 타자연습'을 찾아 선택합니다.

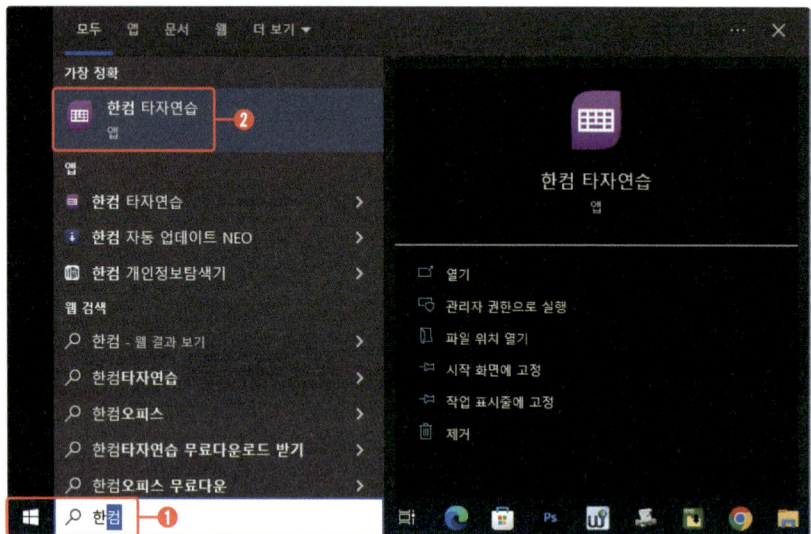

② [낱말연습]에서 '3'을 선택한 다음 [시작] 버튼을 클릭하여 타자연습을 시작합니다.

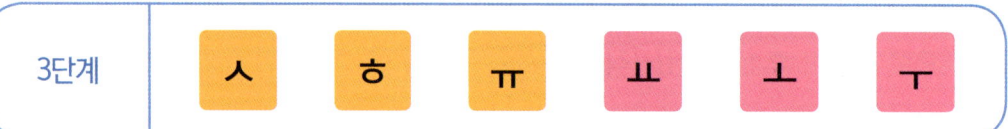

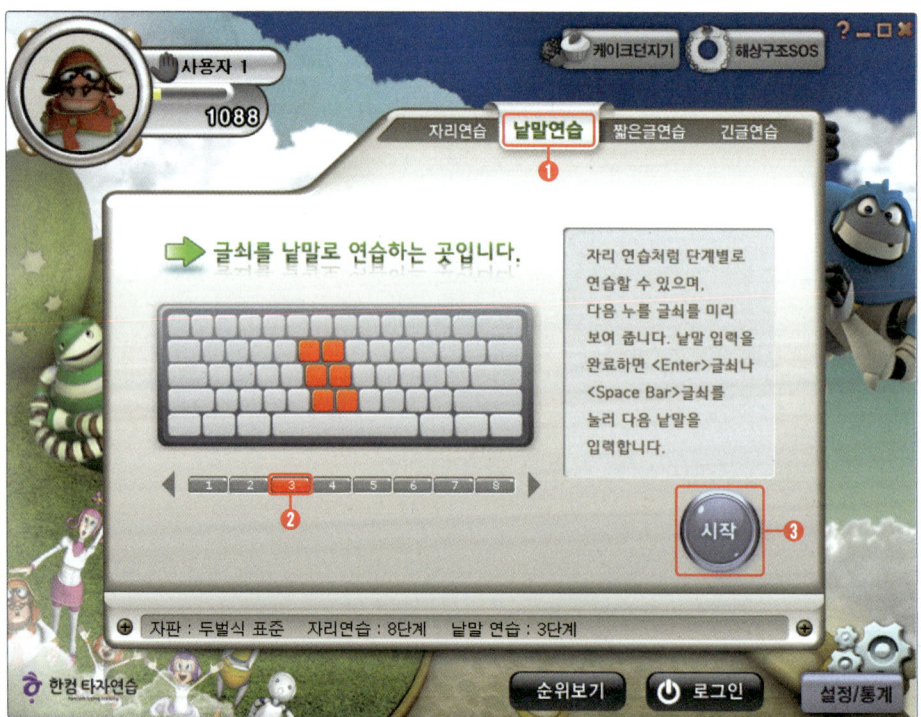

③ 낱말 연습 3단계가 시작되면 그림자와 동일하게 키보드에 손가락을 올립니다.

④ 주황색 점이 있는 곳을 알맞은 손가락으로 누르면서 타자 연습을 합니다. Enter (엔터) 키 또는 Space Bar (스페이스바)를 눌러 단어 입력을 완료할 수 있어요.

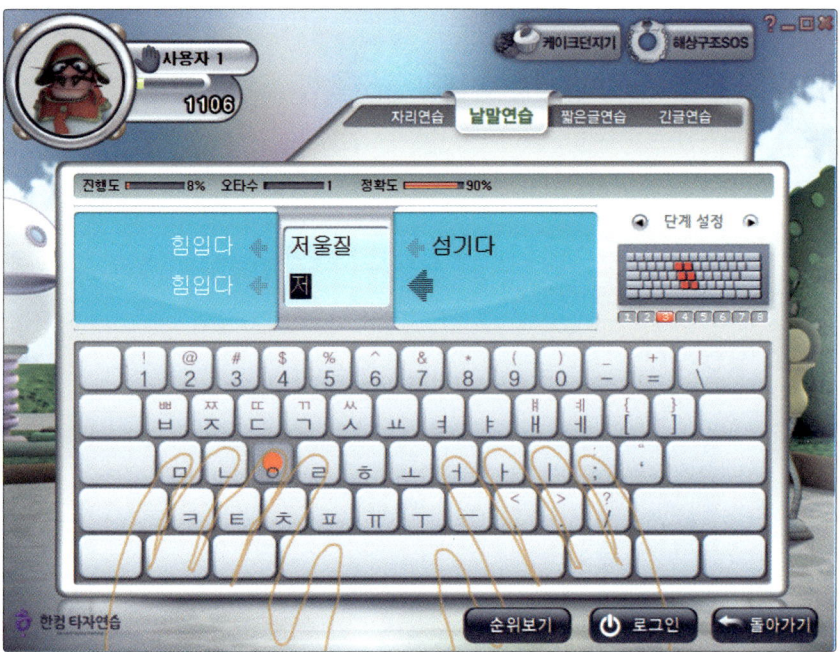

⑤ '검지' 낱말 연습을 완료했으면 3단계 칸에 스마일 모양의 스티커를 붙여 주세요.

1단계	2단계	3단계	4단계	5단계	6단계	7단계	8단계
		☺					

⑥ 3단계 '낱말 연습 결과'를 확인하여 빈칸에 적어보세요.

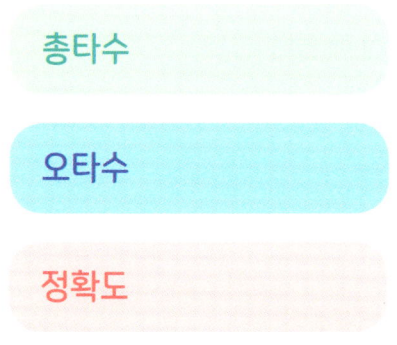
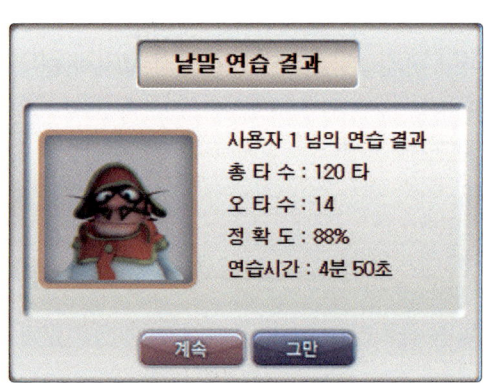

⑦ [계속] 버튼을 눌러 타자연습을 계속 진행할 수 있어요. 만약 정확도가 높으면 '다음 단계', 정확도가 낮으면 '현재 단계'가 다시 진행될 거예요.

타자왕 10 65

12 창 다루기

- 타자 프로그램을 실행하여 '낱말 연습 4단계-오른손 위 낱말'을 연습합니다.
- 창의 크기를 조절해 봅니다.
- 창을 이동시켜 봅니다.

1 버튼으로 창 크기 조절하기

01 바탕 화면의 [내 PC] 아이콘을 더블 클릭합니다.

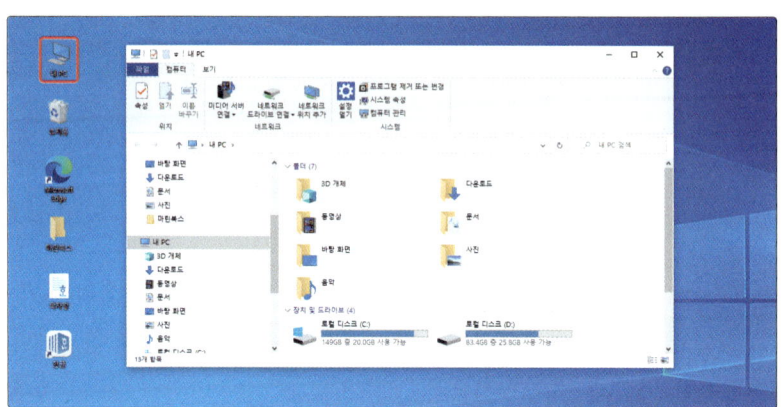

02 [내 PC] 창이 나타나면 최소화 버튼을 클릭하여 창을 숨겨 봅니다.

03 최대화 버튼을 클릭하여 창의 크기가 전체 화면의 크기와 같이 꽉 차게 해 봅니다.

04 이전 크기로 복원 버튼을 클릭하여 창의 크기가 이전 크기로 되돌아가게 해 봅니다.

66

05 닫기 버튼을 클릭하여 창을 닫아 봅니다.

2 드래그하여 창 크기 조절하기

창의 상하좌우, 대각선 방향 위치에 마우스를 가져다 대면 이중 화살표가 나타납니다. 마우스를 드래그하여 창의 크기를 키우거나 줄여 봅니다.

3 창 이동시키기

마우스 포인터를 창의 제목 표시줄에 놓고, 드래그 앤 드롭하여 창을 이동시킬 수 있습니다.

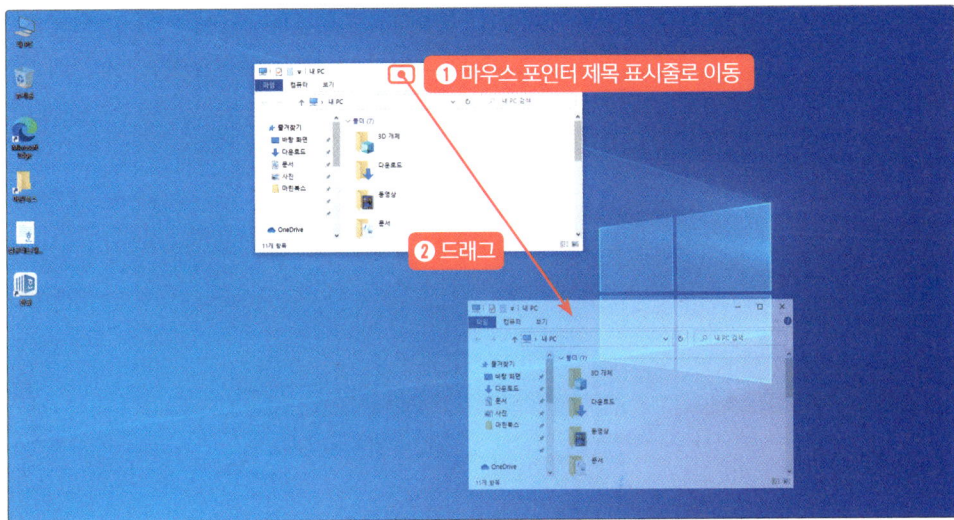

12 창 다루기

1. 바탕 화면 배경을 [실습파일]-[12차시] 폴더의 '스마일.jpg'로 지정해 보세요.

실습파일 : 스마일.jpg

> 1. 바탕 화면에서 마우스 오른쪽 버튼을 클릭합니다.
> 2. [개인설정]-[배경]-[찾아보기] 버튼을 클릭하면 다른 사진을 찾아 배경으로 선택할 수 있습니다.

2. [메모장] 앱을 여러 개 실행합니다. 그리고 다음 그림과 같이 드래그 앤 드롭으로 창 크기를 조절하여 빈칸으로 이동시켜 보세요.

오른손 위
낱말 연습 4단계

① [시작(⊞)]을 클릭한 다음 '한컴 타자연습'을 찾아 선택합니다.

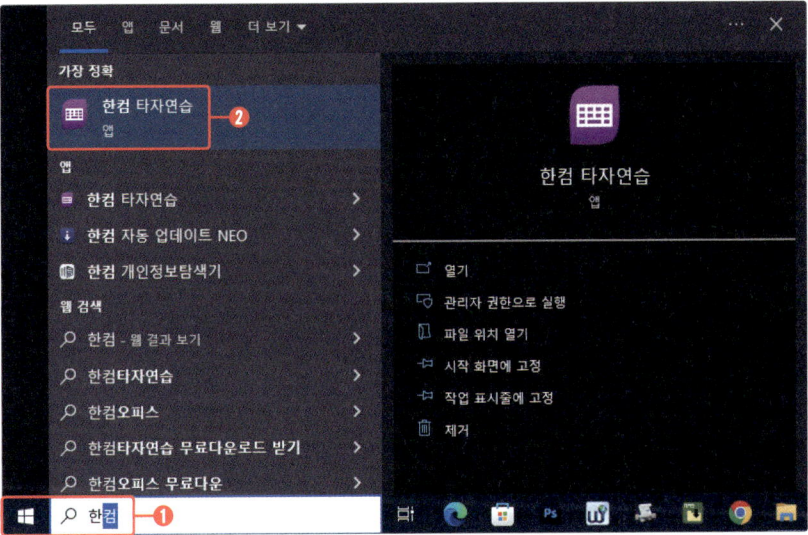

② [낱말연습]에서 '4'를 선택한 다음 [시작] 버튼을 클릭하여 타자연습을 시작합니다.

| 4단계 | ㅕ | ㅑ | ㅐ | ㅔ |

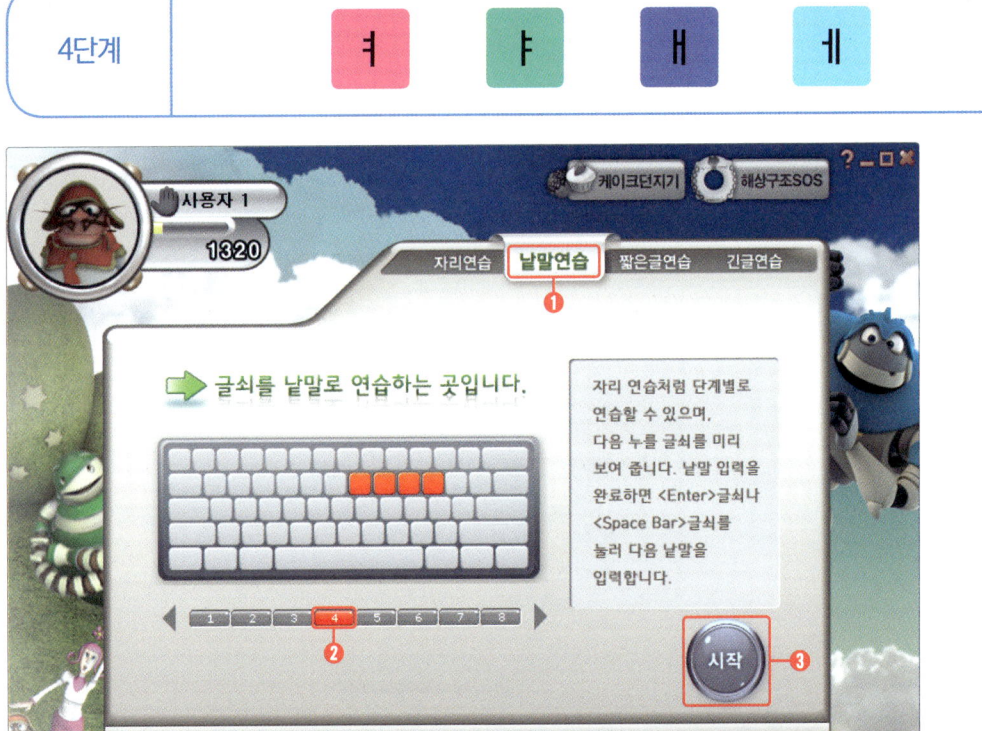

❸ 낱말 연습 4단계가 시작되면 그림자와 동일하게 키보드에 손가락을 올립니다.

❹ 주황색 점이 있는 곳을 알맞은 손가락으로 누르면서 타자 연습을 합니다. Enter (엔터) 키 또는 Space Bar (스페이스바)를 눌러 단어 입력을 완료할 수 있어요.

❺ '오른손 위' 낱말 연습을 완료했으면 4단계 칸에 스마일 모양의 스티커를 붙여 주세요.

1단계	2단계	3단계	4단계	5단계	6단계	7단계	8단계
			☺				

❻ 4단계 '낱말 연습 결과'를 확인하여 빈칸에 적어보세요.

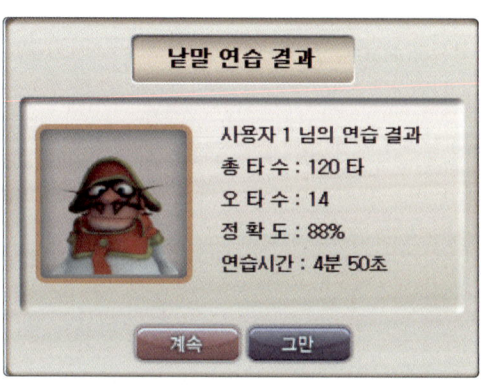

❼ [계속] 버튼을 눌러 타자연습을 계속 진행할 수 있어요. 만약 정확도가 높으면 '다음 단계', 정확도가 낮으면 '현재 단계'가 다시 진행될 거예요.

13 메모장 앱 실행하기

학습목표

- 타자 프로그램을 실행하여 '낱말 연습 5~6단계-아래 낱말'을 연습합니다.
- 메모장에서 기호, 문자, 이모티콘을 검색하여 입력해 봅니다.
- 메모장에서 글꼴을 바꾸어 봅니다.

실습파일 : 친구소개.txt

1 메모장 살펴보기

01 메모장은 간단한 문서를 만들 수 있는 프로그램입니다. [시작(■)]-[메모장(■)] 앱을 실행시킵니다.

2 특수 문자 입력하기

01 메모장에 'ㅁ'을 입력하고 [한자] 키를 누르면 특수 문자가 나타납니다. [보기 변경(»)] 버튼을 클릭하면 'ㅁ'에 해당하는 전체 문자가 펼쳐집니다.

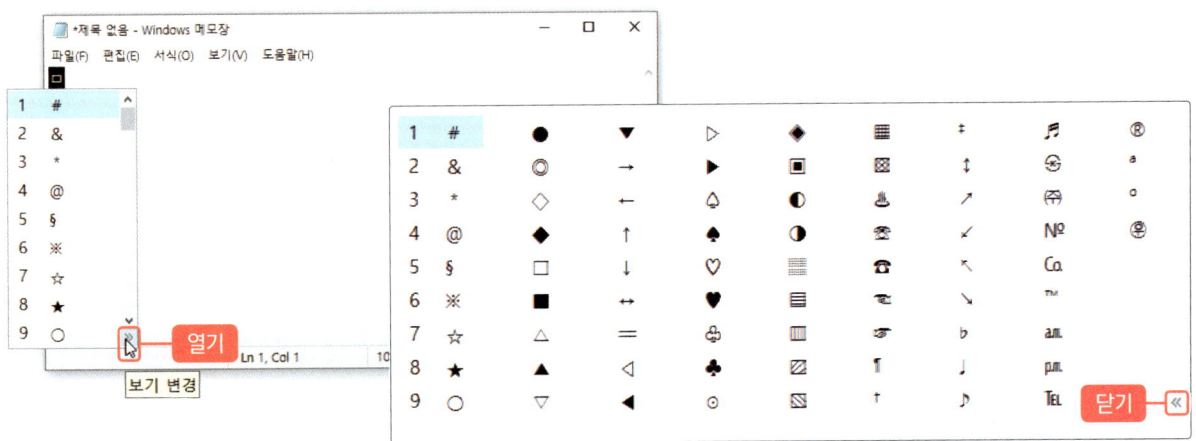

02 'ㄱ~ㅎ'+[한자] 키를 눌러 나타난 여러 가지 모양의 특수 문자를 각각 확인하고, 입력해 봅니다.

13 메모장 앱 실행하기 71

③ 이모티콘 입력하기

01 [윈도우(⊞)] 키+[.]을 누르면 나타나는 '이모지', 'Kaomoji', '기호'를 확인하고 마음에 드는 아이콘을 골라 메모장에 입력해 봅니다.

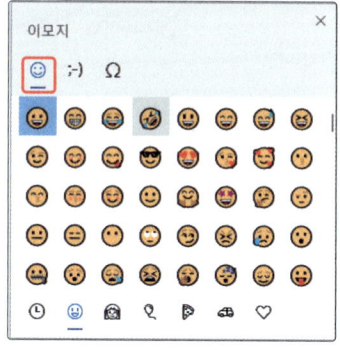  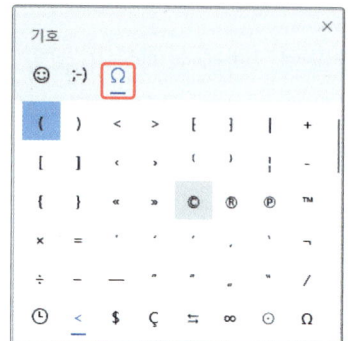

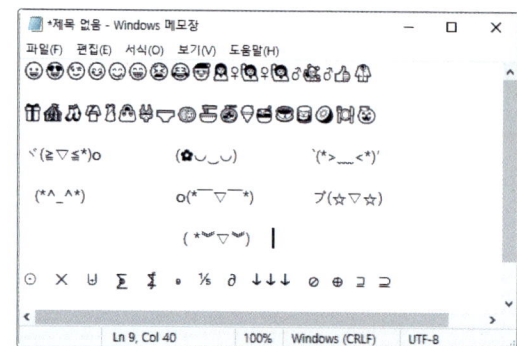

④ 글자 입력하고 글꼴 바꾸기

[실습파일]-[13차시] 폴더의 '친구소개.txt' 파일을 열어서 다음과 같이 만들어 봅니다.

• 입력할 내용 : 나의 가장 사랑하는 친구를 소개합니다   • 글꼴 : 휴먼매직체   • 크기 : 20

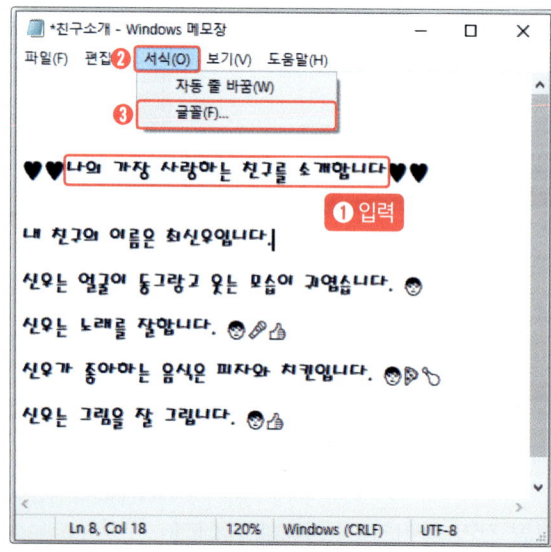 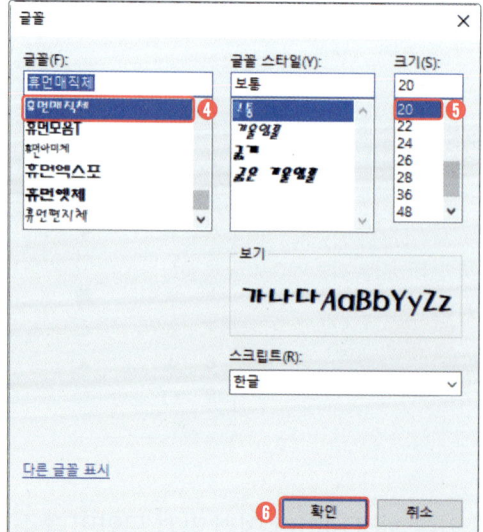

72

1. 메모장 앱( )을 실행하여 다음과 같은 특수 문자창을 나타내려면 어떠한 키를 눌러야 할까요? 보기 에서 골라 빈칸에 번호를 쓰세요.

1 #	1 ⓐ	1 ½
2 &	2 ⓑ	2 ⅓
3 *	3 ⓒ	3 ⅔
4 @	4 ⓓ	4 ¼
5 §	5 ⓔ	5 ¾
6 ※	6 ⓕ	6 ⅛
7 ☆	7 ⓖ	7 ⅜
8 ★	8 ⓗ	8 ⅝
9 ○	9 ⓘ	9 ⅞

보기

❶ [ㅁ]+한자   ❷ [ㅊ]+한자   ❸ [ㅇ]+한자   ❹ [ㅅ]+한자

2. 메모장 앱을 실행하여 특수 문자를 검색한 후, 다음과 같은 이모티콘을 만들어 보세요.

(ㅠ.ㅠ)   (♥,♥)   (＞ㅅ＜)

о(^▽^)о   (ー(エ)ー)ノ

낱말 연습 5~6단계
아래

① [시작(⊞)]을 클릭한 다음 '한컴 타자연습'을 찾아 선택합니다.

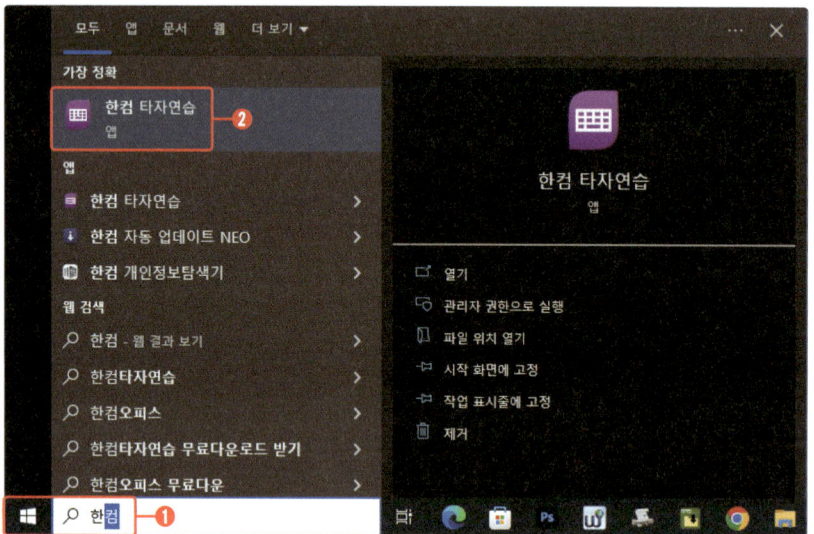

② [낱말연습]에서 '5', '6'을 각각 선택하여 타자연습을 시작합니다.

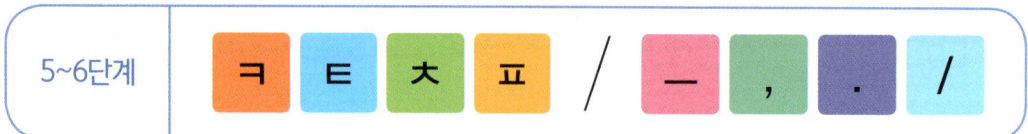

❸ 낱말 연습이 시작되면 그림자와 동일하게 키보드에 손가락을 올립니다.

❹ 주황색 점이 있는 곳을 알맞은 손가락으로 누르면서 타자 연습을 합니다. Enter (엔터) 키 또는 Space Bar (스페이스바)를 눌러 단어 입력을 완료할 수 있어요.

❺ '아래' 낱말 연습을 완료했으면 5단계, 6단계 칸에 각각 스마일 모양의 스티커를 붙여 주세요.

1단계	2단계	3단계	4단계	5단계	6단계	7단계	8단계
				☺	☺		

❻ 5단계, 6단계 '낱말 연습 결과'를 확인하여 빈칸에 적어보세요.

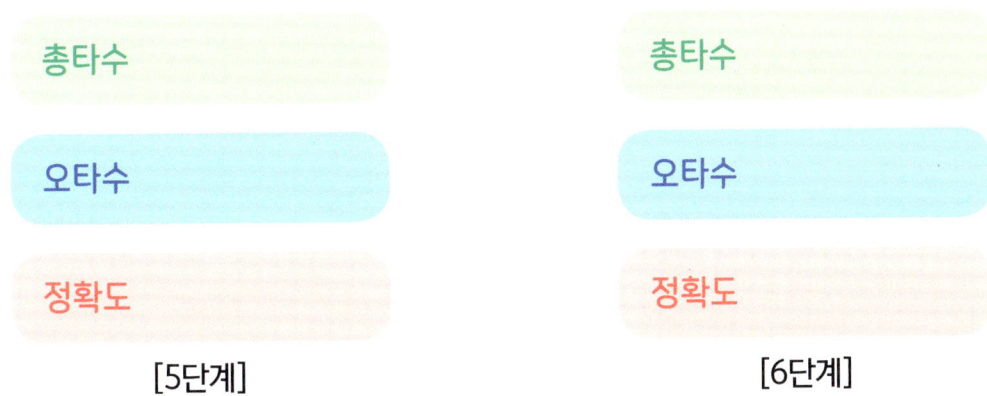

[5단계] [6단계]

❼ [계속] 버튼을 눌러 타자연습을 계속 진행할 수 있어요. 만약 정확도가 높으면 '다음 단계', 정확도가 낮으면 '현재 단계'가 다시 진행될 거예요.

타자왕 12 75

14 계산기 앱 실행하기

학습목표

> 타자 프로그램을 실행하여 '낱말 연습 7단계–쌍자음 낱말'을 연습합니다.
> 계산기 앱을 실행하여 숫자를 계산해 봅니다.
> 계산기 앱을 실행하여 날짜를 계산해 봅니다.

1 계산기 앱 실행하기

[시작(■)]-[계산기(▦)] 앱을 실행시킵니다.

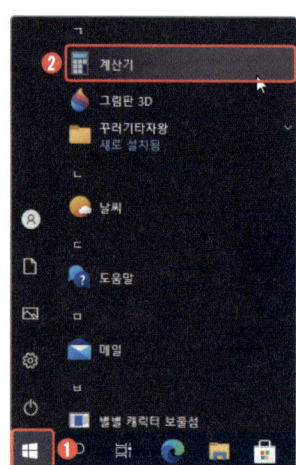
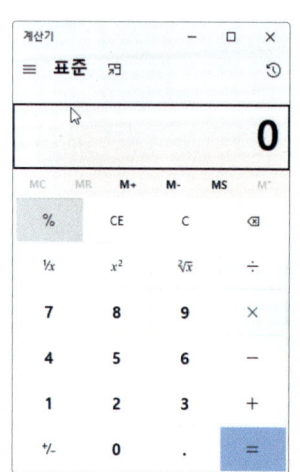

⌫ 마지막 숫자를 지웁니다.
CE 표시된 숫자를 지웁니다.
C 이번 계산 결과를 지웁니다.
＋ 덧셈을 합니다.
－ 뺄셈을 합니다.
× 곱셈을 합니다.
÷ 나눗셈을 합니다.
＝ 계산된 결과를 보여 줍니다.

2 계산기 앱으로 숫자 계산하기

① 15 ＋ 28 ＝

② 85 － 22 ＋ 31 ＝

③ 10 * 5 ＝

④ 80 / 4 ＝

③ 계산기 앱으로 날짜 계산하기

강아지의 다음 생일까지 며칠이 남았는지 계산해 봅니다.

01 [탐색 열기()] 버튼을 클릭한 후 [날짜 계산]을 선택합니다.

02 종료일을 선택합니다. (시작일은 오늘 날짜이며, 종료일은 강아지의 생일날입니다.)

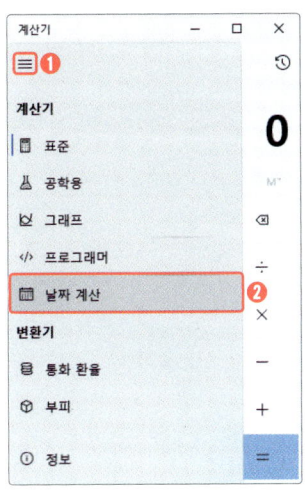  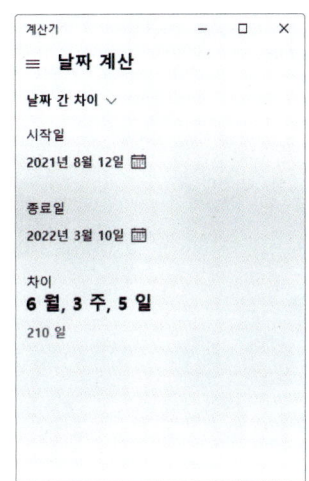

03 종료일의 '연', '월', '일'을 선택해 봅니다.

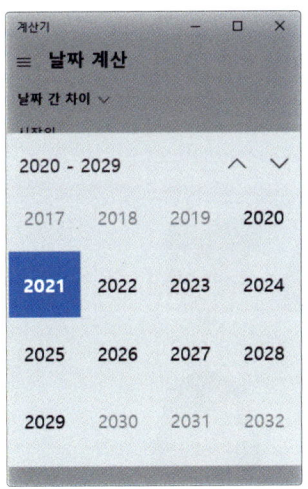 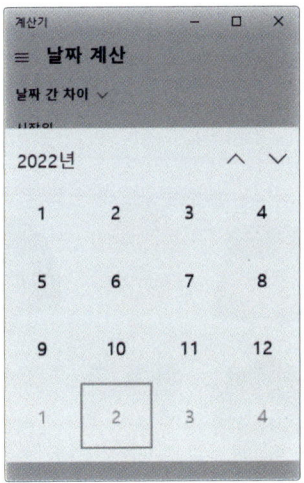 

04 다음 생일까지 남은 날짜를 확인하고, 괄호 안에 써 봅니다.

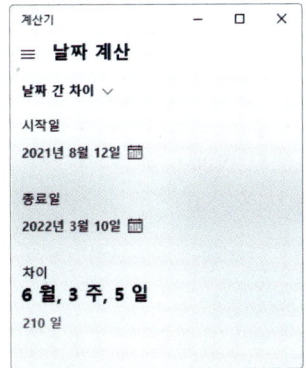

오늘은 (　　　)년 (　　)월 (　　)일이며, 강아지의 다음 생일인 (　　　)년 (　　)월 (　　)일까지는 (　　　)일 남았습니다.

1. 다음 사탕이 종류별로 몇 개인지 세어서 빈칸에 써 넣으세요. 그리고 계산기 앱을 실행하여 모두 몇 개인지 계산해 보세요.

모두   개

2. 비니모자, 안경, 캡모자, 리본타이를 착용한 친구는 각각 몇 명인지 빈칸에 써 넣으세요. 그리고 계산기를 이용하여 사칙연산 문제를 계산해 보세요.

 ×  ÷  + 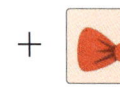 =

낱말 연습 7단계
쌍자음

① [시작(⊞)]을 클릭한 다음 '한컴 타자연습'을 찾아 선택합니다.

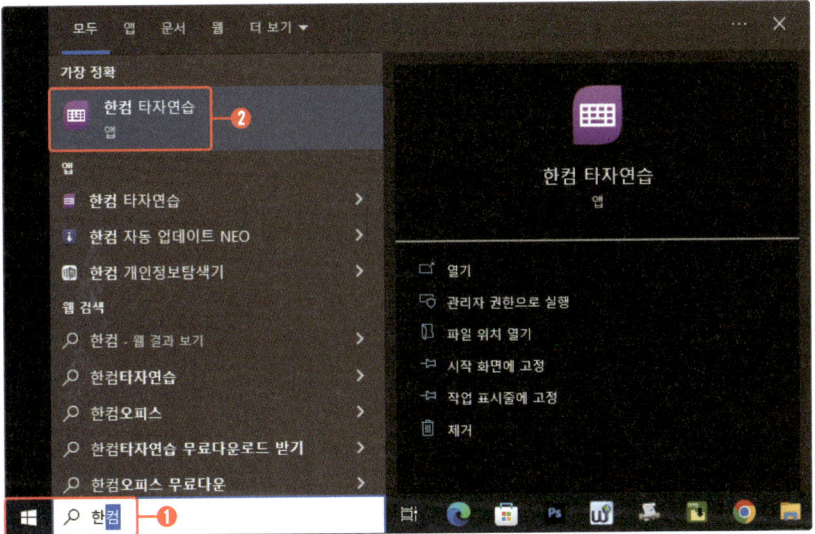

② [낱말연습]에서 '7'을 선택한 다음 [시작] 버튼을 클릭하여 타자연습을 시작합니다.

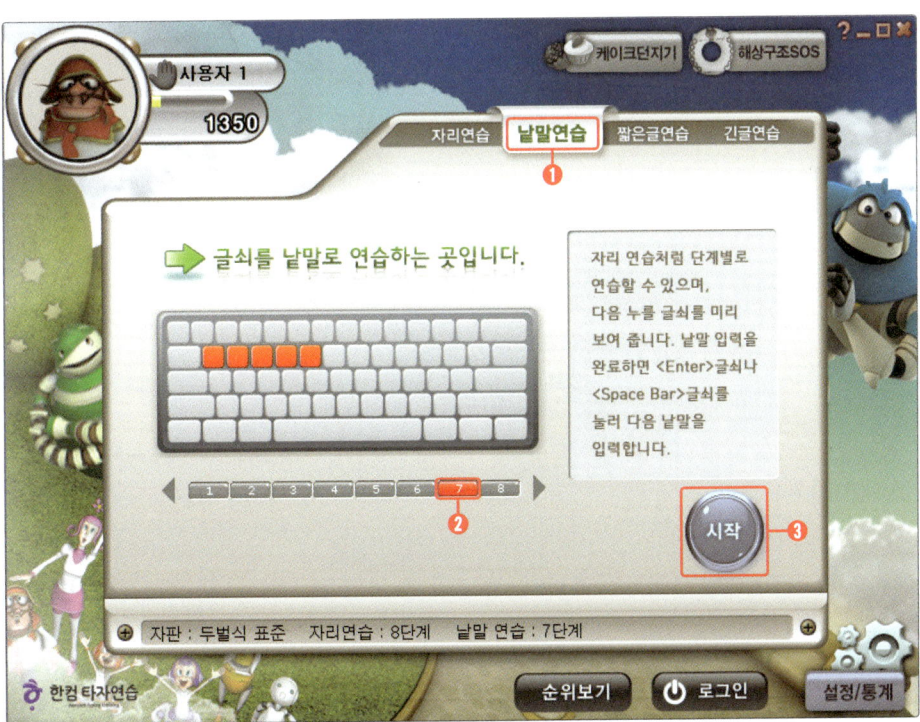

❸ 낱말 연습 7단계가 시작되면 그림자와 동일하게 키보드에 손가락을 올립니다.

❹ 주황색 점이 있는 곳을 알맞은 손가락으로 누르면서 타자 연습을 합니다. Enter (엔터) 키 또는 Space Bar (스페이스바)를 눌러 단어 입력을 완료할 수 있어요.

❺ '쌍자음' 낱말 연습을 완료했으면 7단계 칸에 스마일 모양의 스티커를 붙여 주세요.

1단계	2단계	3단계	4단계	5단계	6단계	7단계	8단계
						☺	

❻ 7단계 '낱말 연습 결과'를 확인하여 빈칸에 적어보세요.

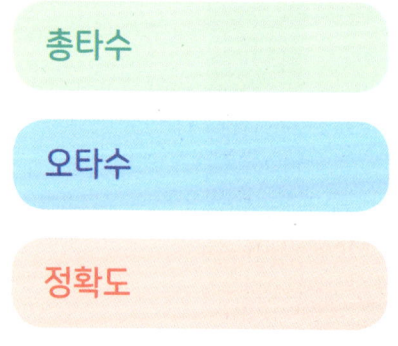
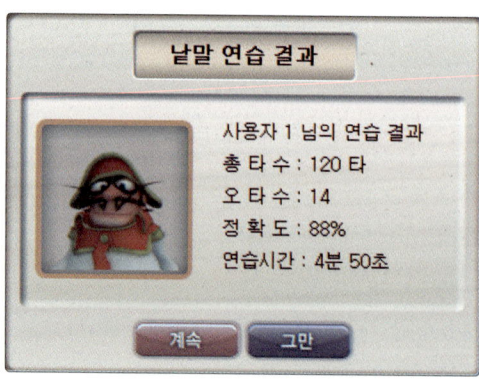

❼ [계속] 버튼을 눌러 타자연습을 계속 진행할 수 있어요. 만약 정확도가 높으면 '다음 단계', 정확도가 낮으면 '현재 단계'가 다시 진행될 거예요.

15 폴더 관리하기

학습목표

> 타자 프로그램을 실행하여 '낱말 연습 8단계-쌍모음 낱말'을 연습합니다.
> 바탕 화면에 새 폴더를 만들어 봅니다.
> 폴더 안에 있는 파일의 위치를 옮긴 후, 이름을 바꾸어 봅니다.

실습파일 : 1.jpg, 2.jpg, 3.jpg, 4.jpg, 5.jpg

1 새 폴더 만들기

01 바탕 화면의 빈 공간에서 마우스 오른쪽 버튼을 클릭하여 [새로 만들기]-[폴더]를 선택합니다.

02 새 폴더가 만들어지면 '바다생물'을 입력한 후, Enter 를 클릭합니다.

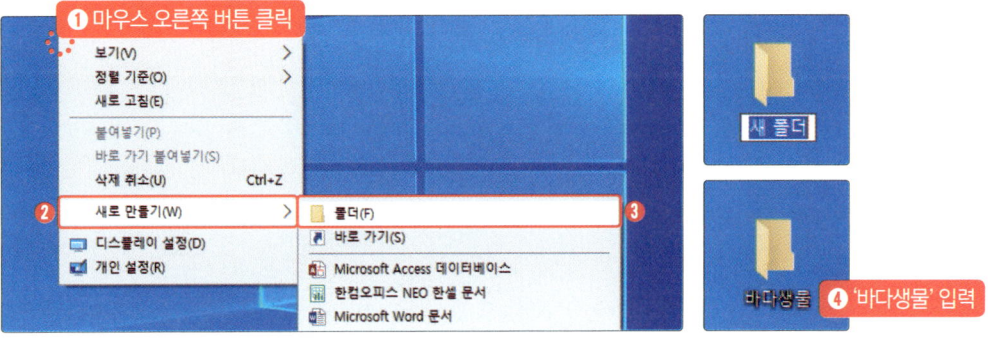

2 폴더 안으로 파일 옮기기

01 [실습파일]-[15차시] 폴더로 이동합니다.

02 마우스 왼쪽 버튼을 누른 채 '1~5' 파일을 향해 드래그하여 전체 이미지를 선택합니다.

03 [홈] 탭-[복사]를 클릭하여 파일을 복사합니다.

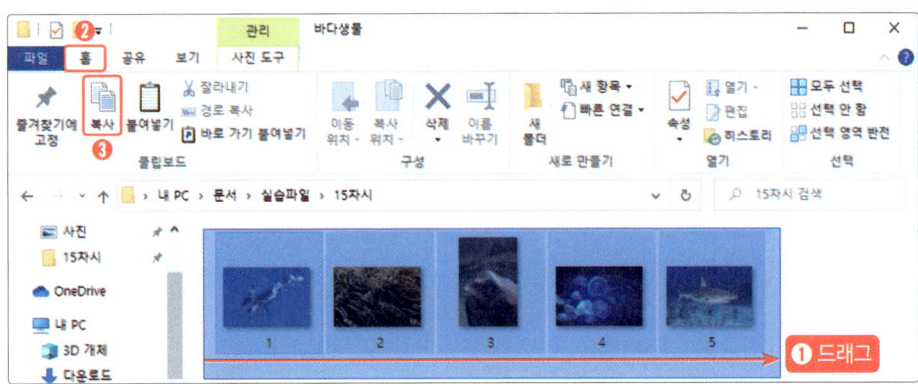

15 폴더 관리하기　81

3 파일 이름 바꾸기

01 바탕 화면의 '바다생물' 폴더를 더블 클릭하고, [홈] 탭-[붙여넣기]를 클릭하여 복사된 파일을 붙여 넣습니다.

02 파일 '1'을 '돌고래'로 바꾸어 봅니다.

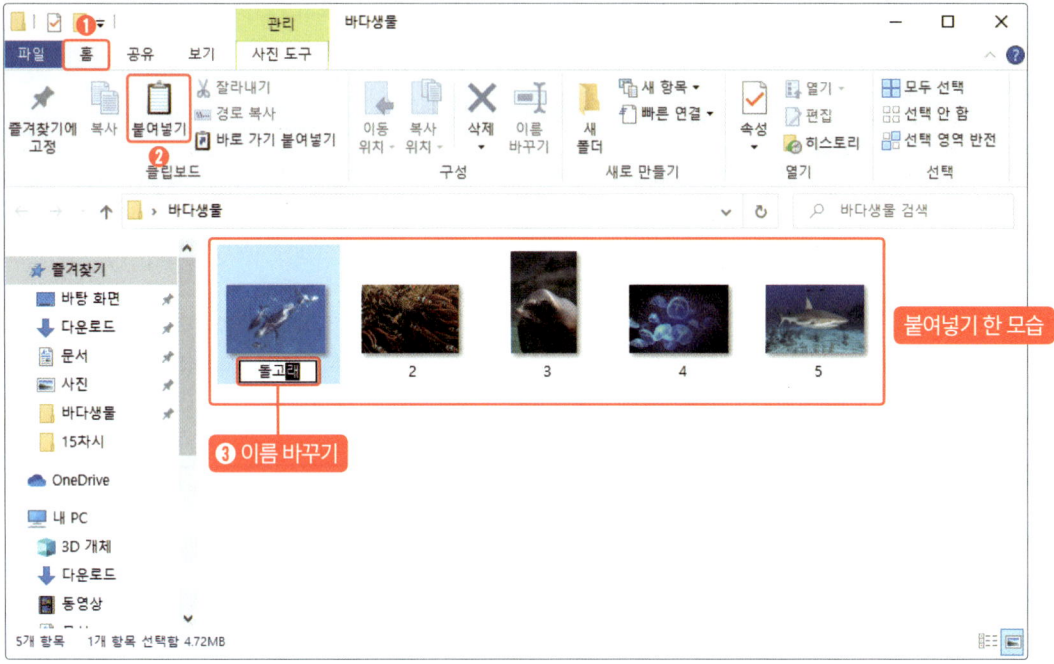

> **파일 이름 바꾸기**
> • F2 키를 눌러 이름을 변경할 수 있습니다.
> • 파일을 선택한 후, 이름 부분을 클릭하면 이름을 변경할 수 있습니다.
> • 마우스 오른쪽 버튼을 눌러 바로 가기 메뉴에서 [이름 바꾸기]를 클릭하면 이름을 변경할 수 있습니다.

03 '2~5'의 파일명을 각각 다음과 같이 바꾸어 봅니다.

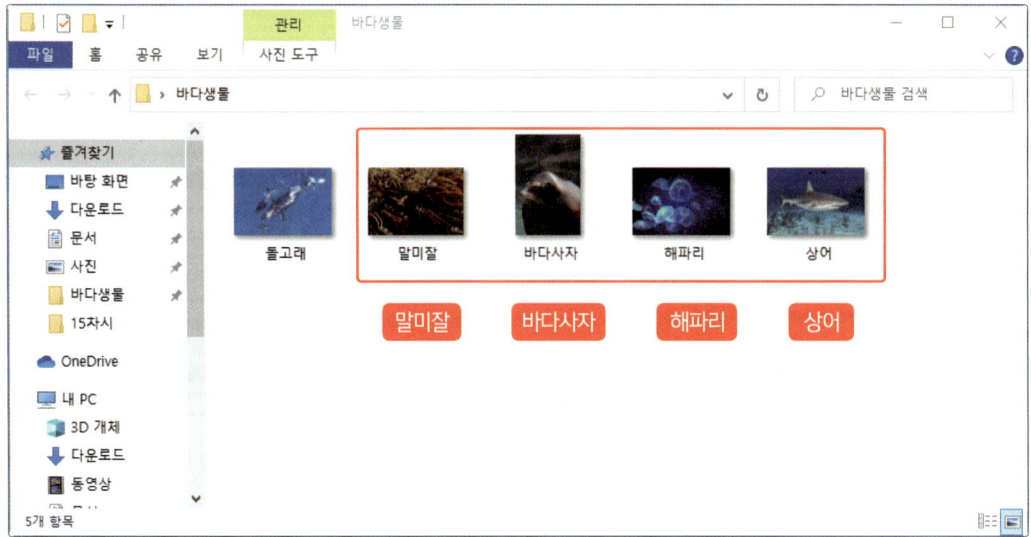

1. [바탕 화면]-[바다생물] 폴더 안의 파일을 전체 선택하여 복사해 보세요.

Ctrl + A : 전체 선택   Ctrl + C : 복사하기

2. 위에서 복사한 이미지를 '바닷가.pptx' 파일을 열고 붙여넣은 후, 다음 그림과 같이 크기를 조절해 보세요.

실습파일 : 바닷가.pptx   완성파일 : 바닷가(완성).pptx

Ctrl + V : 붙여넣기

낱말 연습 8단계
쌍모음

❶ [시작(⊞)]을 클릭한 다음 '한컴 타자연습'을 찾아 선택합니다.

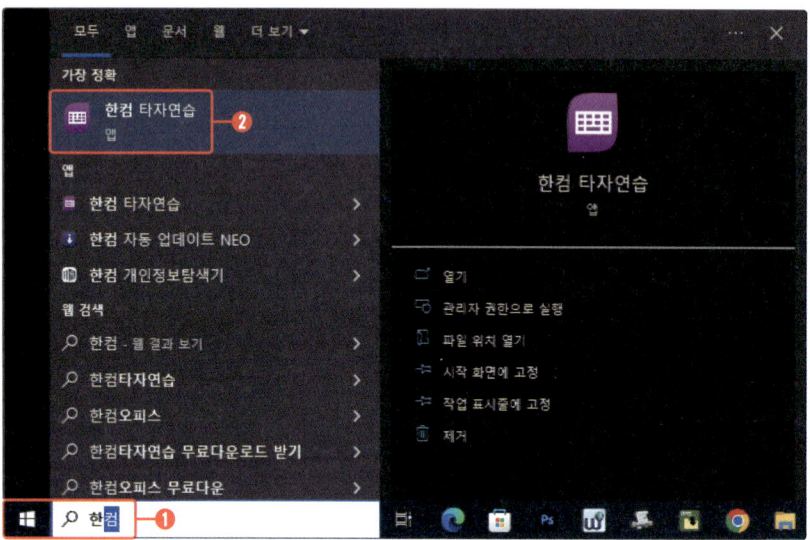

❷ [낱말연습]에서 '8'을 선택한 다음 [시작] 버튼을 클릭하여 타자연습을 시작합니다.

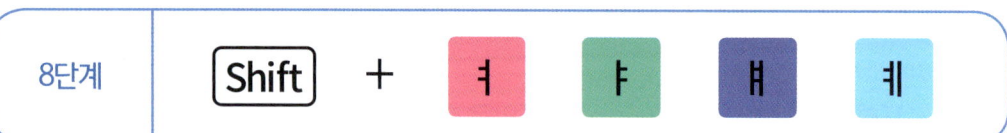

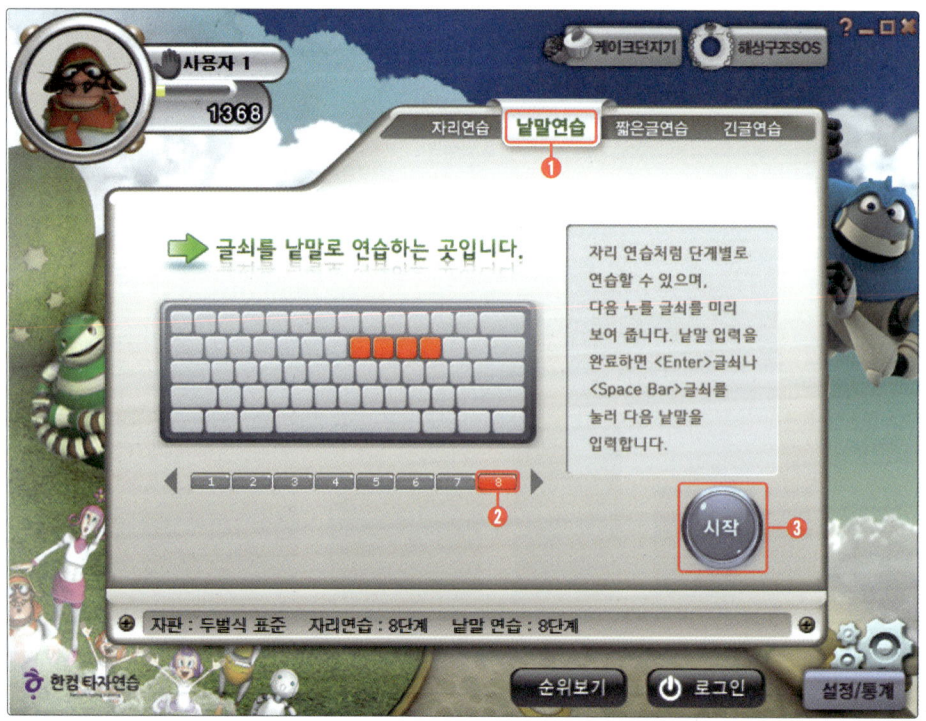

❸ 낱말 연습 8단계가 시작되면 그림자와 동일하게 키보드에 손가락을 올립니다.

❹ 주황색 점이 있는 곳을 알맞은 손가락으로 누르면서 타자 연습을 합니다. Enter (엔터) 키 또는 Space Bar (스페이스바)를 눌러 단어 입력을 완료할 수 있어요.

❺ '쌍모음' 낱말 연습을 완료했으면 1~8단계 모든 칸에 스마일 모양의 스티커를 붙여 주세요.

낱말 연습 완료!

1단계	2단계	3단계	4단계	5단계	6단계	7단계	8단계
☺	☺	☺	☺	☺	☺	☺	☺

❻ 8단계 '낱말 연습 결과'를 확인하여 빈칸에 적어보세요.

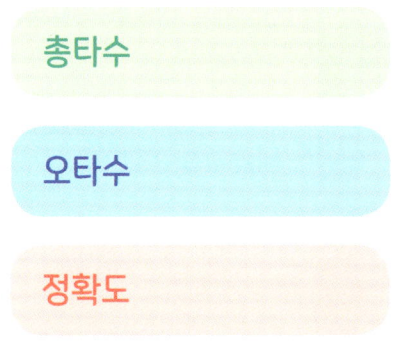

❼ [계속] 버튼을 눌러 타자연습을 계속 진행할 수 있어요. 만약 정확도가 높으면 '다음 단계', 정확도가 낮으면 '현재 단계'가 다시 진행될 거예요.

16 케이크던지기

타자게임

1 케이크 던지기 타자 게임 구성

	게임 화면
단계선택	 • ★ Oven : 낱말 연습 1~2 단계, '기본'과 '왼손 위' 관련 단어가 등장합니다. • ★★ Sink : 낱말 연습 3~4 단계, '검지'와 '오른손 위' 관련 단어가 등장합니다. • ★★★ Box : 낱말 연습 5~6 단계, '아래' 관련 단어가 등장합니다. • ★★★★ Refrigerator : 낱말 연습 7~8 단계, '쌍자음'과 '쌍모음' 관련 단어가 등장합니다.
게임 화면	 내려오는 단어를 입력 창에 입력한 다음 [Enter] 또는 [Space Bar] 키를 눌러 몬스터를 없앨 수 있어요.

게임 종료

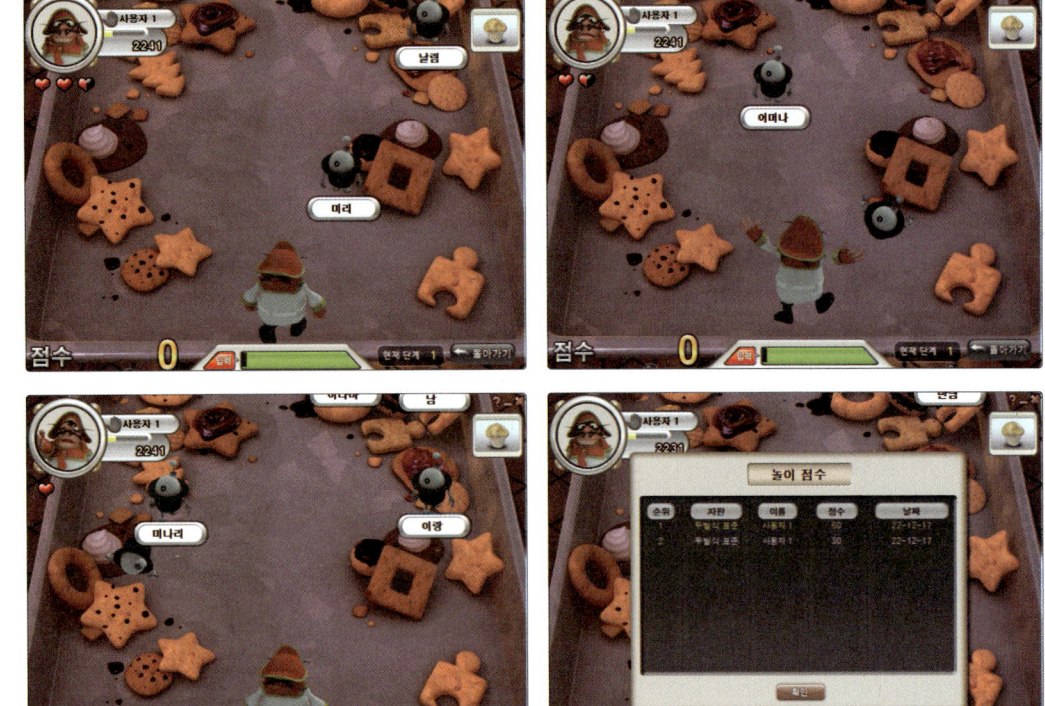

몬스터를 없애지 못하면 하트가 반개씩 줄어들게 됩니다. 모든 하트가 없어지면 게임이 종료되고 점수가 표시될 거예요.

이벤트

몬스터가 아닌 하트에 나타난 단어를 입력하면 하트가 1개 증가합니다.

16 케이크던지기　87

2 타자 게임 준비하기

❶ [시작(⊞)]을 클릭한 다음 '한컴 타자연습'을 찾아 선택합니다.

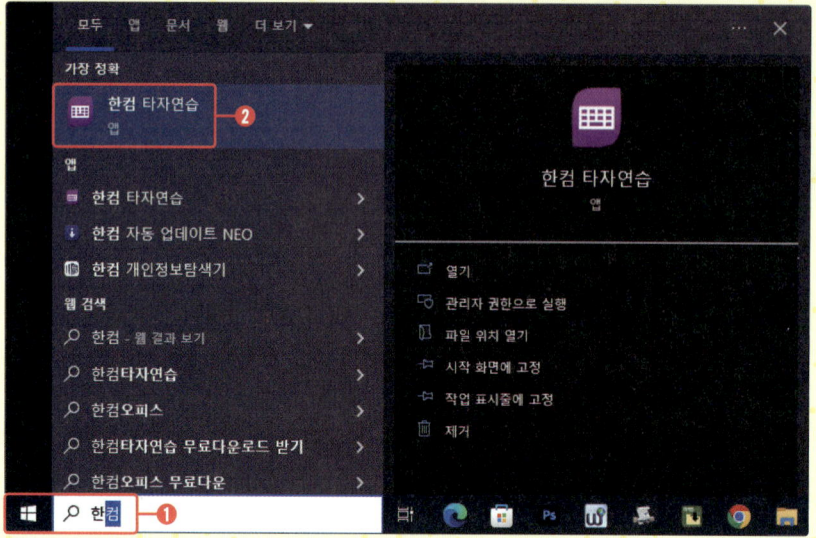

❷ [케이크던지기]를 클릭한 다음 타자 게임이 실행되면 '오븐'을 선택합니다.

③ 타자 게임 시작하기

❶ 내려오는 단어를 입력 창에 빠르고 정확하게 입력한 다음 [Enter] 또는 [Space Bar] 키를 눌러 몬스터를 물리칩니다. 이때, 점수도 10점씩 증가하는 것을 확인할 수 있어요.

❷ 일정한 점수를 획득하면 다음 단계로 이동하게 됩니다.

17 그림판 알아보기

학 습 목 표

▷ 타자 프로그램을 실행하여 '짧은 글 연습-속담/명언'을 연습합니다.
▷ 그림판을 살펴본 후, 그림판 앱을 실행해 봅니다.
▷ 도형을 '그리기, 지우기, 복사하기, 붙여넣기' 해 봅니다.

1 그림판 살펴보기

그림판은 도형, 그림 그리기, 색칠하기, 글쓰기를 할 수 있는 프로그램입니다.

① **선택** : 사각형과 자유형으로 그림을 선택하여 지우기, 이동하기, 복사하기, 붙여넣기 등을 할 수 있습니다.
② **연필** : 연필을 선택하고 크기에서 굵기를 조절하여 그림을 그릴 수 있습니다.
③ **색 채우기** : 색을 칠할 수 있습니다.
④ **텍스트** : 글자를 입력할 수 있습니다.
⑤ **지우개** : 그림을 지울 수 있습니다.
⑥ **색 선택** : 그림에서 원하는 색을 골라낼 수 있습니다.
⑦ **돋보기** : 그림이 나타나는 화면을 크게 확대할 수 있습니다.
⑧ **브러시** : 연필, 크레용, 붓 등으로 다양한 모양의 선을 표현할 수 있습니다.
⑨ **도형** : 여러 가지 모양의 도형을 표현할 수 있습니다.
⑩ **색1(전경색)** : 색을 칠하거나 채울 때 적용되는 색을 나타냅니다. 마우스 왼쪽 버튼을 사용합니다.
⑪ **색2(배경색)** : 빈 영역을 색으로 채울 때 적용되는 색을 나타냅니다. 마우스 오른쪽 버튼을 사용합니다.
⑫ **팔레트** : 사용할 색을 고를 수 있습니다.
⑬ **색 편집** : 색상표에 원하는 색이 없을 경우, 색을 골라 색상표에 나타낼 수 있습니다.

② 도형 그리기

01 그림판 앱을 실행하기 위해 [시작(⊞)]-[Windows 보조프로그램]-[그림판(🎨)]을 클릭합니다.

02 [홈] 탭-[도형]에서 모양을 선택한 후 [크기]에서 선의 굵기를 조절하여 도형을 그려 봅니다.

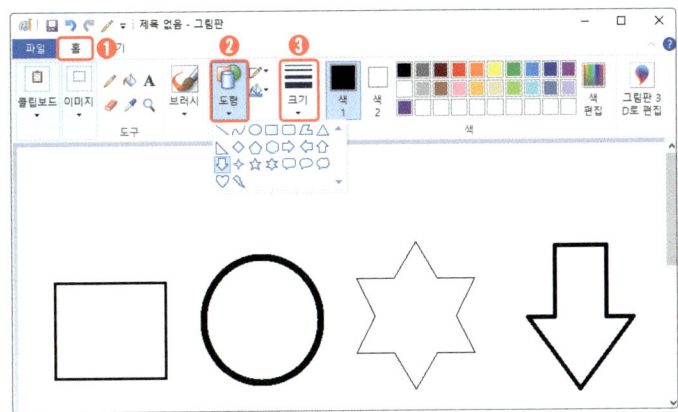

③ 도형 지우기

01 오른쪽의 도형 2개를 삭제하기 위해 [홈] 탭-[이미지] 그룹-[선택]을 클릭합니다. 2개의 도형을 마우스로 드래그하여 선택한 후, 마우스 오른쪽 버튼을 클릭하여 [삭제]를 선택합니다.

💡 그림이 삭제되면 삭제된 영역은 배경색이 보이므로, 배경색을 '흰색'으로 설정해 놓습니다.

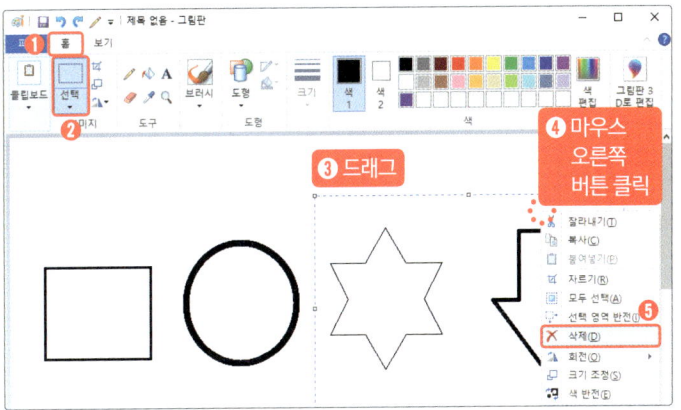

④ 도형 복사하기

도형을 사각으로 선택한 후, 마우스 오른쪽 버튼을 클릭하여 [복사]를 선택합니다.

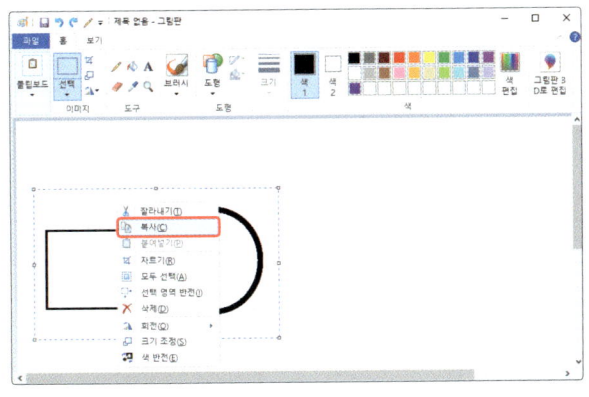

⑤ 도형 붙여 넣기

마우스 오른쪽 버튼을 클릭하여 [붙여넣기]를 선택합니다.

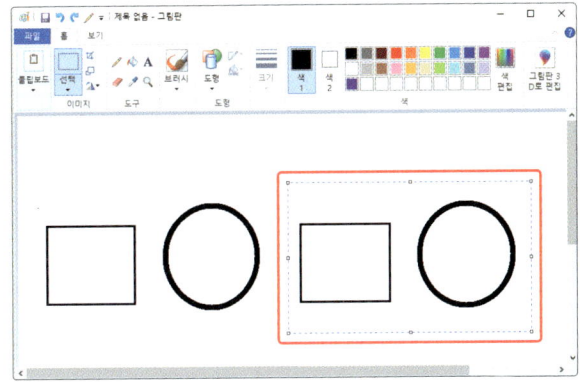

 그림판을 실행한 후, [색1]에서 도형 테두리색을 선택한 후, 다음과 같이 도형을 쌓아올려 보세요.

완성파일 : 도형쌓기

• [선택]-[사각으로 선택]을 클릭한 후, 마우스를 드래그하여 도형을 선택함
• [오른쪽 마우스 버튼 클릭]-[복사]-[붙여넣기]

 그림판을 실행한 후, 도형을 이용하여 다음과 같이 그려 보세요.

완성파일 : 도형그리기

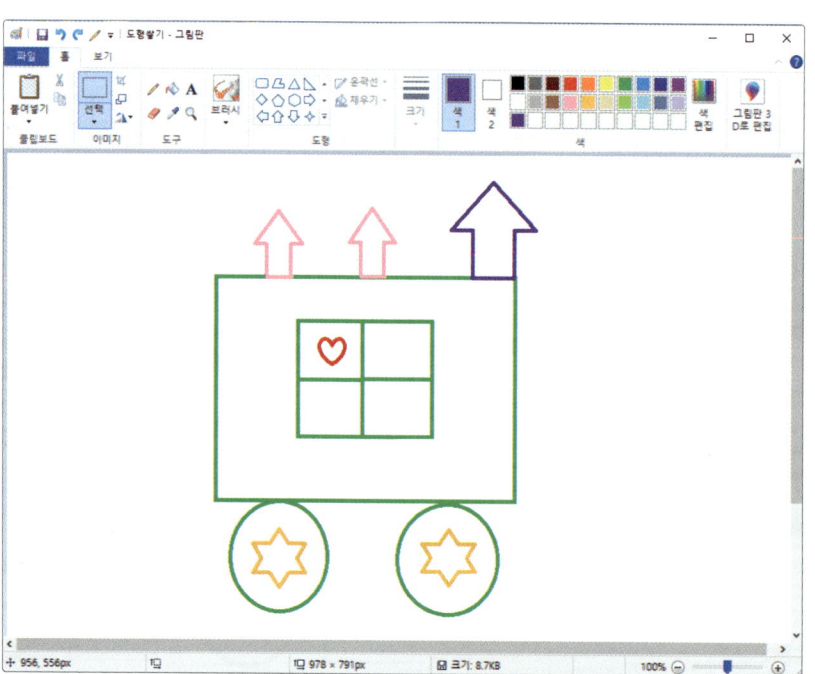

짧은 글 연습
속담/명언

❶ [시작(⊞)]을 클릭한 다음 '한컴 타자연습'을 찾아 선택합니다.

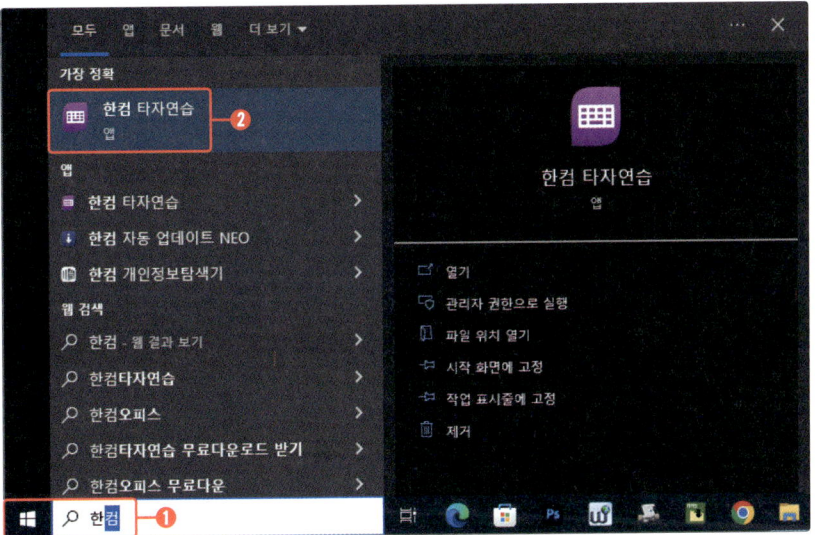

❷ [짧은글연습]을 선택한 다음 [시작] 버튼을 클릭하여 타자연습을 시작합니다.

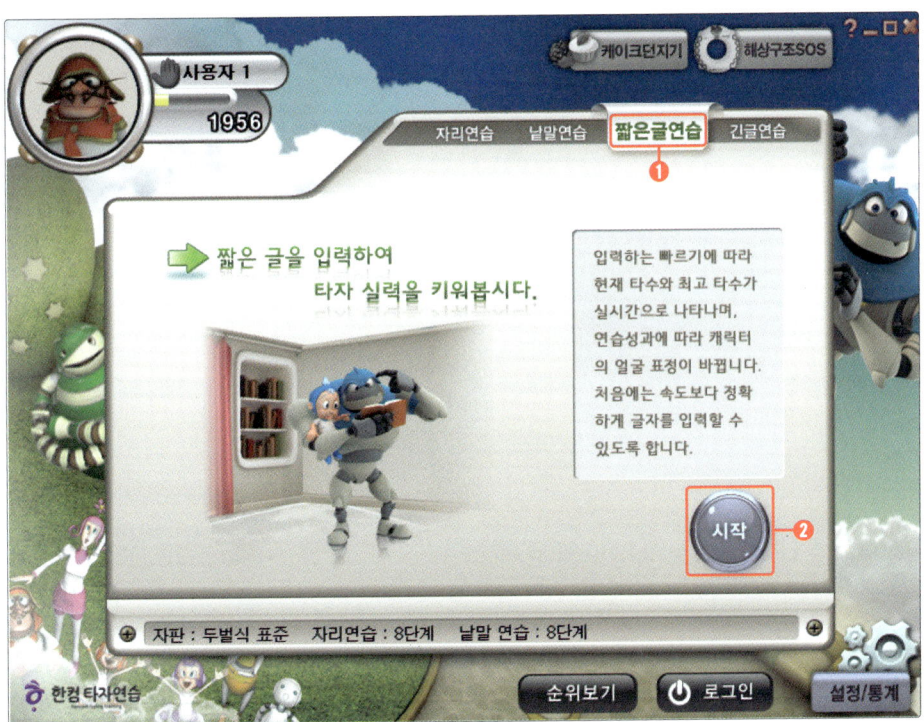

💡 그동안 꾸준히 연습한 타자 실력을 발휘하여 짧은 글 연습을 해보세요.

❸ 짧은 글 연습이 시작되면 내용을 타이핑한 다음 Enter (엔터) 키 또는 Space Bar (스페이스바)를 눌러 문장 입력을 완료할 수 있어요.

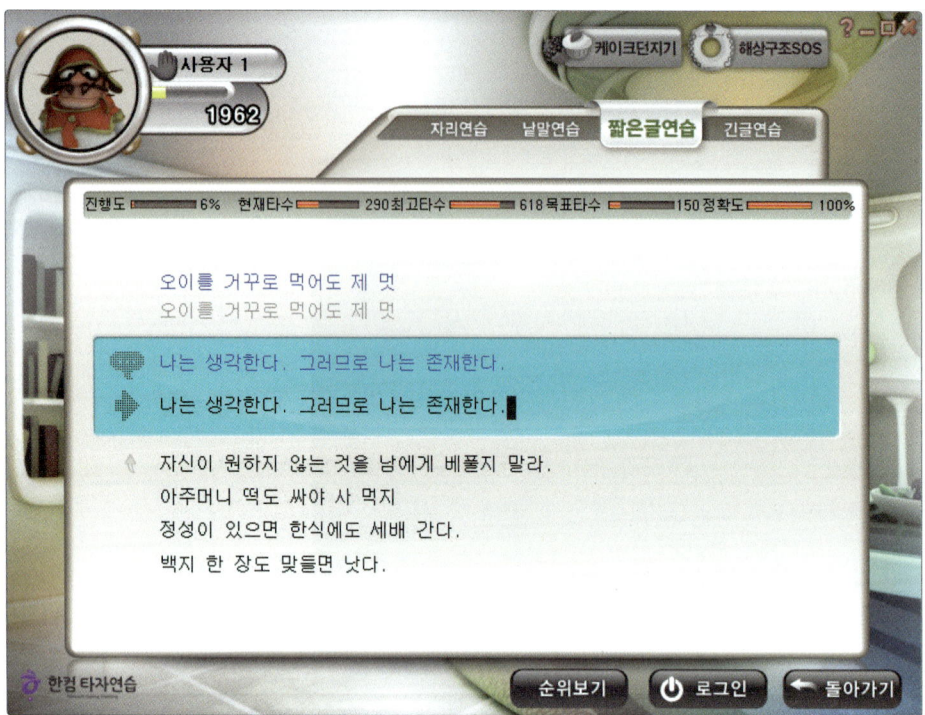

💡 단어와 단어 사이를 띄어쓰기 위해서는 Space Bar (스페이스바)를 누르도록 해요.

❹ '짧은 글 연습 결과'를 확인하여 빈칸에 적어보세요.

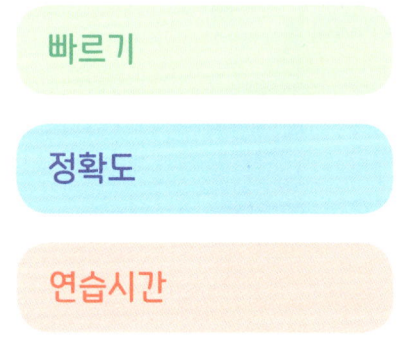

❺ 짧은 글 연습 중 기억에 남는 내용이 있으면 메모해 보세요.

18 그림판으로 색칠하기

학습목표

- 타자 프로그램을 실행하여 '긴 글 연습-동요 산토끼'를 연습합니다.
- 그림판에서 특정 색을 선택하여 색칠해 봅니다.
- 그림판으로 글자를 입력해 봅니다.

실습파일 : 눈사람.jpg, 캡틴스타.jpg, 쿠폰.jpg

1 이미지 파일 불러오기

01 [시작(⊞)]-[Windows 보조프로그램]-[그림판(🎨)]을 클릭하여 앱을 실행합니다.

02 [그림판]이 실행되면 [파일]-[열기]를 클릭합니다.

03 [열기] 대화상자가 나타나면 [실습파일]-[18차시] 폴더의 '눈사람' 파일을 불러옵니다.

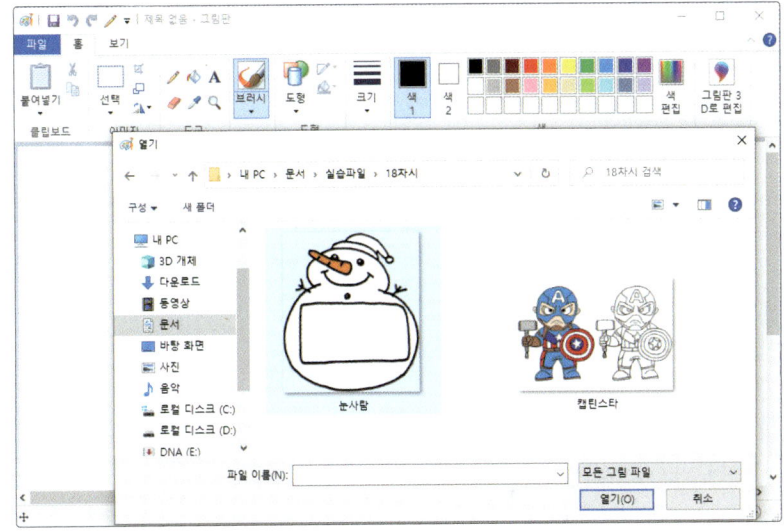

2 그림판으로 색칠하기

01 [홈] 탭-[도구] 그룹-[색 채우기]를 통해 빨강색, 베이지색, 하늘색을 각각 선택하여 다음 그림과 같이 색칠합니다.

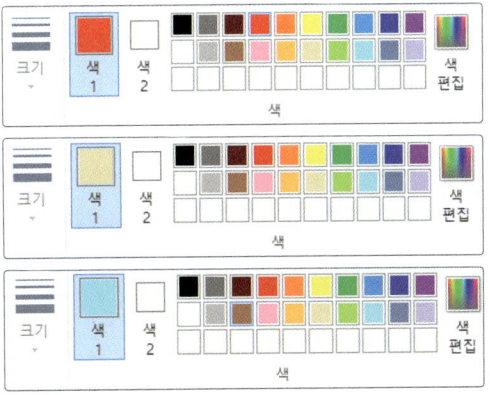

③ 선택한 색으로 색칠하기

01 [파일]-[열기]를 클릭하여 대화상자가 나타나면 [실습파일]-[18차시] 폴더의 '캡틴스타' 파일을 불러옵니다.

02 [홈] 탭-[도구] 그룹-[색 선택( )] 도구를 선택한 후, 색칠해진 캡틴스타의 특정 부분의 색상을 클릭하여 골라냅니다.

03 [홈] 탭-[도구] 그룹-[색 채우기( )] 도구를 선택한 후, 색칠할 부분을 클릭하여 색을 채웁니다. [파일]-[다른 이름으로 저장]을 클릭한 후, 바탕 화면에 '캡틴스타 완성'으로 저장합니다.

④ 글씨 입력하기

01 [파일]-[열기]를 클릭하여 대화상자가 나타나면 [실습파일]-[18차시] 폴더의 '쿠폰' 파일을 불러옵니다.

02 [홈] 탭-[도구] 그룹-[색 채우기( )] 도구를 선택한 후, 원하는 색을 채웁니다.

03 [홈] 탭-[도구] 그룹-[텍스트(A)] 도구를 선택한 후, 다음과 같이 입력합니다.

- 내용 : 토닥토닥 안마 쿠폰 1회
- 글꼴 : 맑은 고딕, 글꼴 크기 : 30, 색 : 초록색, 글꼴스타일 : 굵게

1 그림판을 실행한 후, 조건에 맞는 도형을 다음 그림과 같이 넣은 후 색깔을 바꾸어 보세요.

실습파일 : 숲속파티.jpg   완성파일 : 숲속파티(완성1).jpg

• 조건 도형   ☆ ✦ ✩ ◇

2 그림판을 실행한 후, 글자를 입력하여 초대장을 만들어 보세요.

실습파일 : 숲속파티(완성1).jpg   완성파일 : 숲속파티(완성2).jpg

• 내용 : 숲속 파티에 초대합니다 ♥
• 글꼴 : 맑은 고딕, 글꼴 크기 : 36, 색 : 파란색

긴 글 연습
동요 산토끼

① [시작(▦)]을 클릭한 다음 '한컴 타자연습'을 찾아 선택합니다.

② [긴글연습]을 선택한 다음 [불러오기] 버튼을 클릭하여 [실습 파일]-[18차시] 폴더, '동요 산토끼'를 불러와 타자 연습을 시작합니다.

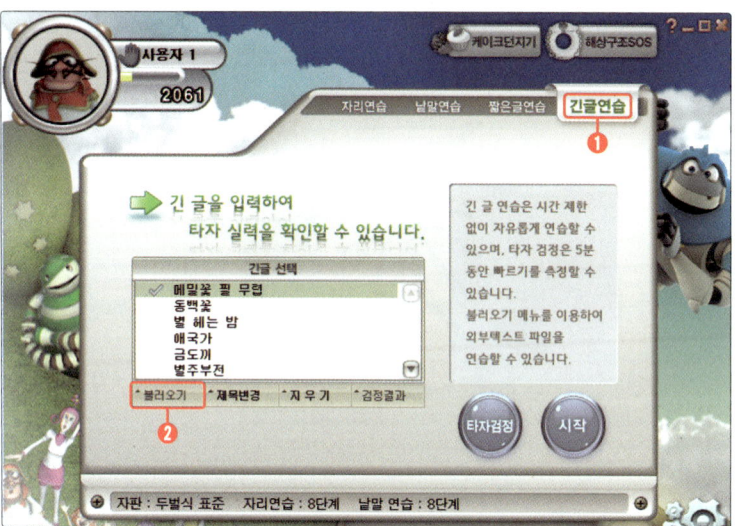

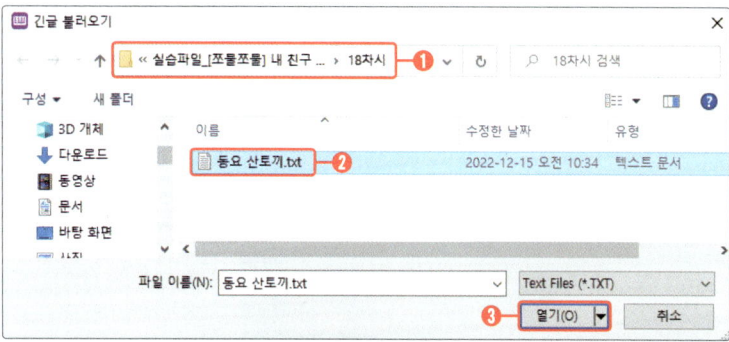

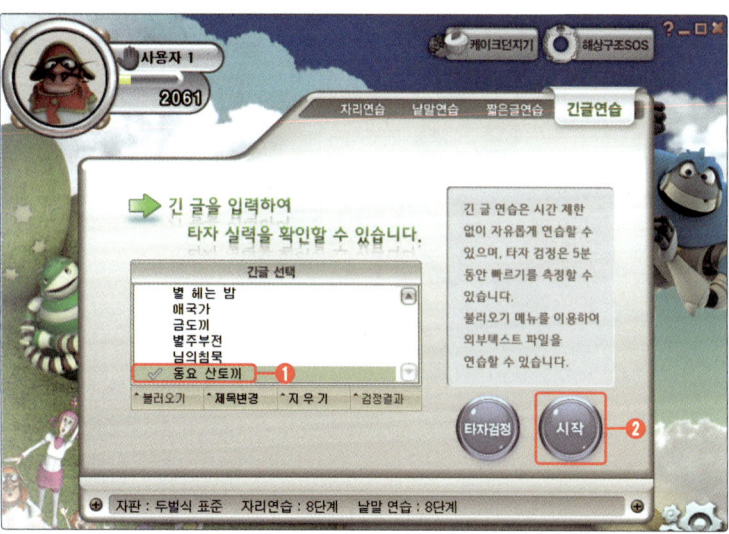

❸ 긴 글 연습이 시작되면 동요 '산토끼' 가사를 입력해 보세요.

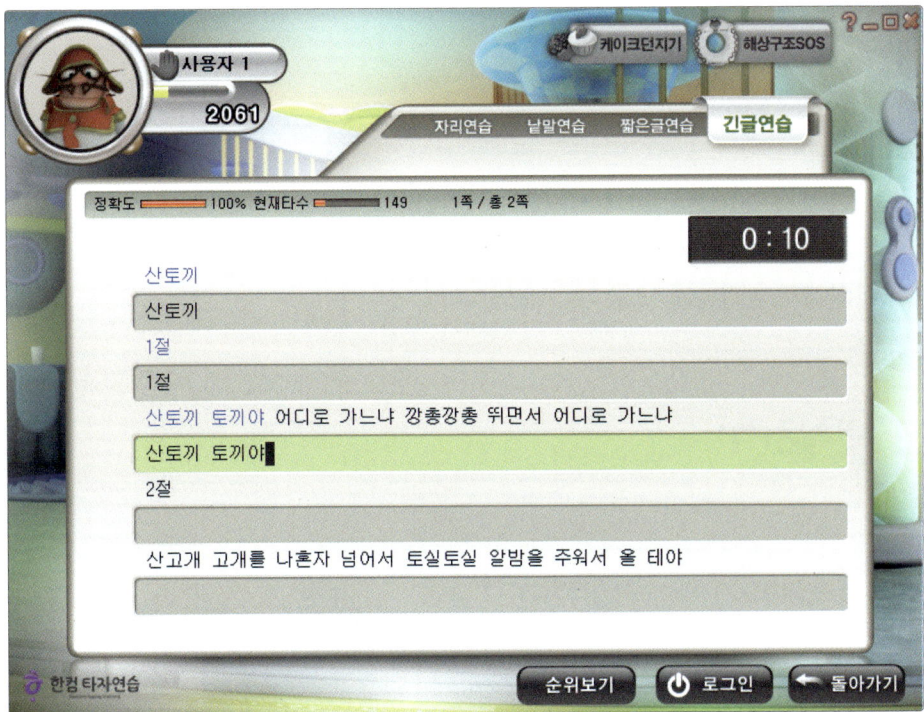

💡 단어와 단어 사이를 띄어쓰기 위해서는 [Space Bar](스페이스바)를, 아랫줄에 내용을 입력하기 위해서는 [Enter](엔터)를 누르도록 해요.

❹ '긴 글 연습 결과'를 확인하여 빈칸에 적어보세요.

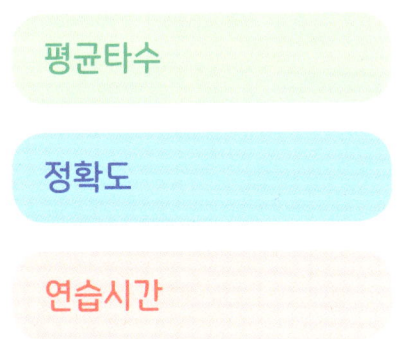

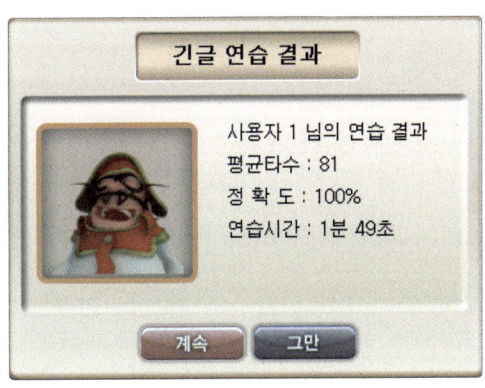

19 그림판으로 동화 만들기

학습목표
- 타자 프로그램을 실행하여 '긴 글 연습-동요 학교종'을 연습합니다.
- 이야기를 읽고 그림판에서 색칠해 봅니다.
- 이야기를 만들어 그림판에서 동화 장면으로 나타내 봅니다.

실습파일 : 이야기 2.jpg, 이야기 3.jpg, 이야기 7.jpg

1 이야기 읽고 색칠하기

이야기 1
옛날, 쵸쵸왕이 다스리는 '발코'라는 왕국이 있었습니다. 쵸쵸왕 주변은 항상 군사들이 지키고 있었는데요. 빅드래곤이 자신의 아버지를 죽음에 이르게 한 발코 왕국을 빼앗기 위해 호시탐탐 공격 기회를 노리고 있었기 때문이에요.
"크~앙~~! 어리석은 쵸쵸왕아 물러나라. 내가 왕이 되어야 한다!"
하지만 빅드래곤이 왕이 되면 사람들은 모두 죽음에 이르게 될 것이 뻔해요.

이야기 2
어둠이 내리기 시작한 늦은 오후. 결국 빅드래곤은 발코 왕국에 불을 지르고 말았어요.

01 [시작(⊞)]-[Windows 보조프로그램]-[그림판(🎨)]을 클릭하여 앱을 실행합니다.

02 [파일]-[열기]를 클릭하여 대화상자가 나타나면 [실습파일]-[19차시] 폴더의 '이야기 2' 파일을 불러옵니다.

03 [홈] 탭-[도구] 그룹-[색 채우기(🪣)] 도구를 선택한 후, 클릭하여 빅드래곤이 내뿜은 '불'을 색칠해 봅니다.

이야기 3
쵸쵸왕이 살고 있는 성과 성 주변은 잿더미가 됐어요.
빅드래곤은 성 안에 있는 여의주를 훔치기 위해 비행을 하고 있어요.
"여의주를 얻게 되면 바로 내가 발코 왕국의 왕이 되겠지."

04 [파일]-[열기]를 클릭하여 대화상자가 나타나면 [실습파일]-[19차시] 폴더의 '이야기 3' 파일을 불러옵니다.

05 [홈] 탭-[도구] 그룹-[색 채우기(🪣)]와 [색 선택(💧)] 도구를 이용하여 빅드래곤의 '한쪽 날개'를 색칠해 봅니다.

이야기 4

이대로 당할 수만은 없는 쵸쵸왕이 직접 투구를 입고 빅드래곤과 대결을 했어요.
"킁킁, 이 콩알만한 쵸쵸왕 어디 한번 덤벼 봐라."

이야기 5

쵸쵸왕과의 대결에서 마법의 화살촉을 맞은 빅드래곤은 해골 모양의 돌이 되었답니다.

이야기 6

쵸쵸왕이 힘겹게 빅드래곤을 물리치고 돌아오자 이웃 나라 공주가 달려와 왕의 승리를 축하해 주었습니다.

② 이야기 만들어 동화 장면 나타내기

01 다음 마지막 장면을 보고 '이야기 7'을 만들어 빈칸에 써 보세요.

이야기 7

02 [시작(⊞)]-[Windows 보조프로그램]-[그림판(🎨)]을 클릭하여 앱을 실행합니다.

03 [파일]-[열기] 대화상자가 나타나면 [실습파일]-[19차시] 폴더의 '이야기 7' 파일을 불러옵니다.

04 [홈] 탭-[도구] 그룹-'텍스트(**A**)' 도구를 선택한 후, 위에서 만든 이야기를 입력해 봅니다.

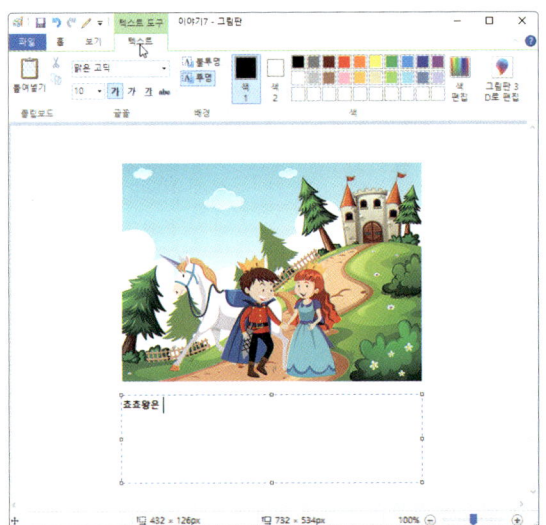

쵸쵸왕은 빅드래곤을 물리치고 돌아오자 한걸음에 달려온 공주를 데리고 새로 지은 궁전으로 가서 청혼을 하였습니다.

19 그림판으로 동화 만들기 **101**

1 [실습파일]-[19차시] 폴더의 다음 캐릭터를 그림판으로 불러와 이름을 짓고 조건에 맞게 텍스트를 입력합니다. 그리고 바탕 화면에 저장해 보세요.

실습파일 : 1.jpg, 2.jpg, 3.jpg   완성파일 : 1(완성).jpg, 2(완성).jpg, 3(완성).jpg

1.jpg - 굿캣냥

조건 글꼴-맑은 고딕, 글꼴 크기-40, 글꼴 색-검정색

2.jpg - 병정 토토빗

조건 글꼴-궁서, 글꼴 크기-40, 글꼴 색-파란색

3.jpg - 앵그리 치키부리

조건 글꼴-휴먼편지체, 글꼴 크기-60, 글꼴 색-빨강색

💡 [파일]-[다른 이름으로 저장]-[바탕 화면]을 클릭하여 저장합니다.

2 바탕 화면에 저장해 둔 3개 파일을 그림판에서 각각 열어 봅니다. 그리고 '선택, 복사, 붙여넣기' 기능을 사용하여 캐릭터 3개 모두를 한 그림판에 나타내 보세요.

❶ [선택] 이미지 그룹-[사각형으로 선택]   ❷ [오른쪽 마우스 버튼 클릭]-[복사]
❸ [오른쪽 마우스 버튼 클릭]-[붙여넣기]   ❹ [선택] 이미지 그룹-[사각형으로 선택]-크기 조절

긴 글 연습
동요 학교종

① [시작(⊞)]을 클릭한 다음 '한컴 타자연습'을 찾아 선택합니다.

② [긴글연습]을 선택한 다음 [불러오기] 버튼을 클릭하여 [실습 파일]-[19차시] 폴더, '동요 학교종'을 불러와 타자 연습을 시작합니다.

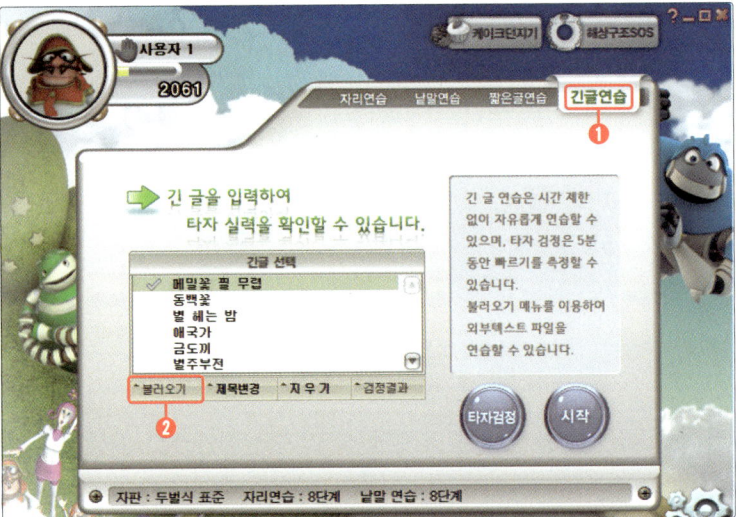

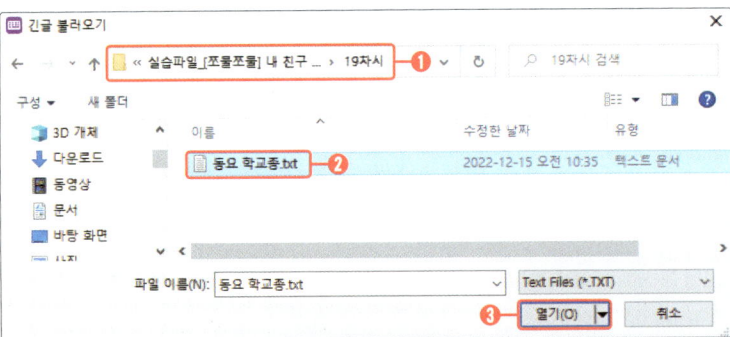

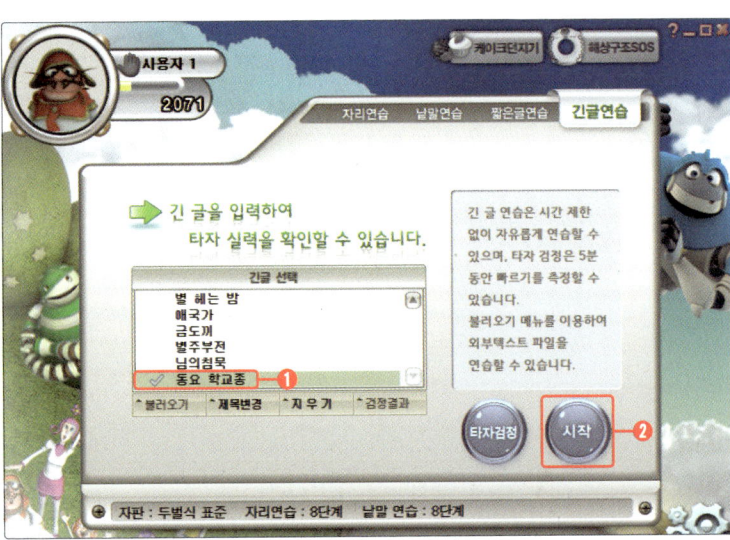

❸ 긴 글 연습이 시작되면 동요 '학교종' 가사를 입력해 보세요.

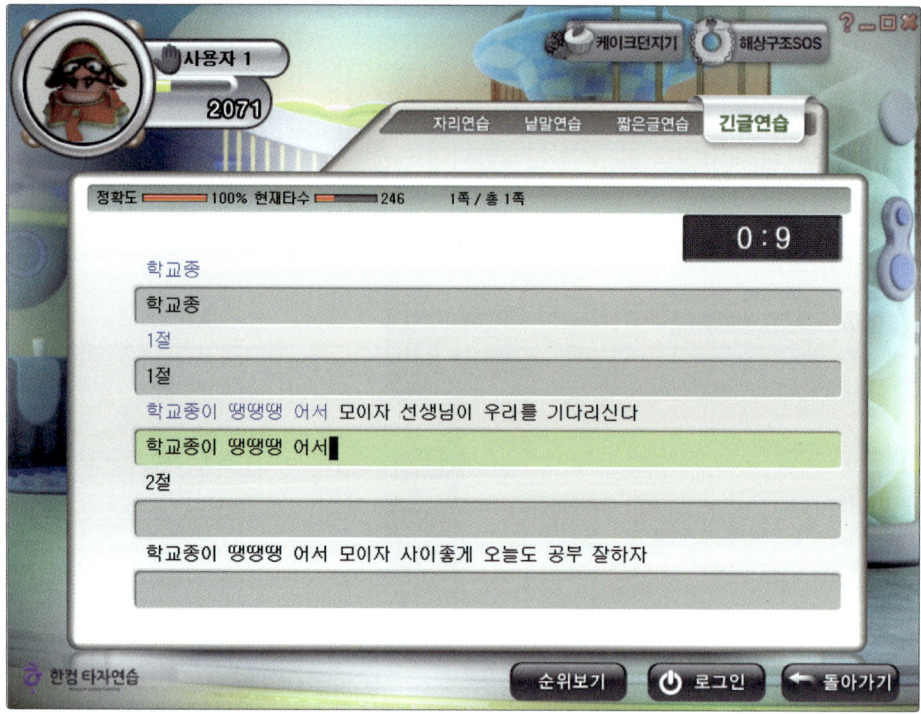

💡 단어와 단어 사이를 띄어쓰기 위해서는 [Space Bar](스페이스바)를, 아랫줄에 내용을 입력하기 위해서는 [Enter](엔터)를 누르도록 해요.

❹ '긴 글 연습 결과'를 확인하여 빈칸에 적어보세요.

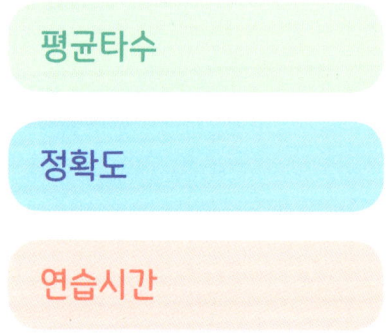

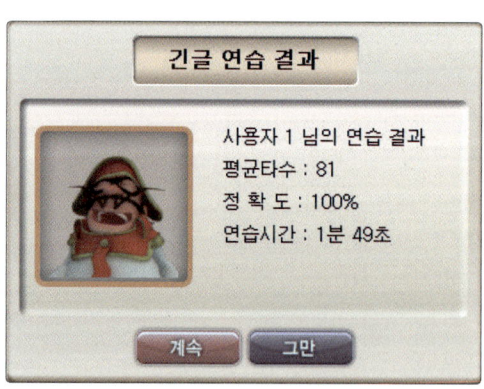

20 날씨 알아보기

학습목표

- 타자 프로그램을 실행하여 '긴 글 연습–이모티콘 만들기'를 연습합니다.
- 날씨 앱을 찾아 실행해 봅니다.
- 날씨 앱에서 날씨 정보와 오염물질 정보를 확인해 봅니다.

1 인터넷에서 날씨 정보 확인하기

01 마이크로소프트 엣지(Microsoft Edge) 앱( )을 실행하여 검색 주소창에 <weather.naver.com> 또는 '네이버 날씨'를 입력하고 Enter 를 눌러 네이버 날씨에 접속합니다.

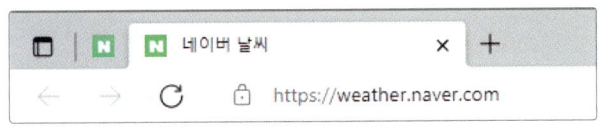

네이버 날씨
https://weather.naver.com
기간, 평년기온, 평년강수 정보. 이동성 고기압을 보이겠으나, 일시적인 상층 찬 공기의 영향

02 내 위치를 확인하는 아이콘을 클릭하고, [허용]을 선택하여 내가 위치한 곳의 날씨 정보가 나타나도록 합니다.

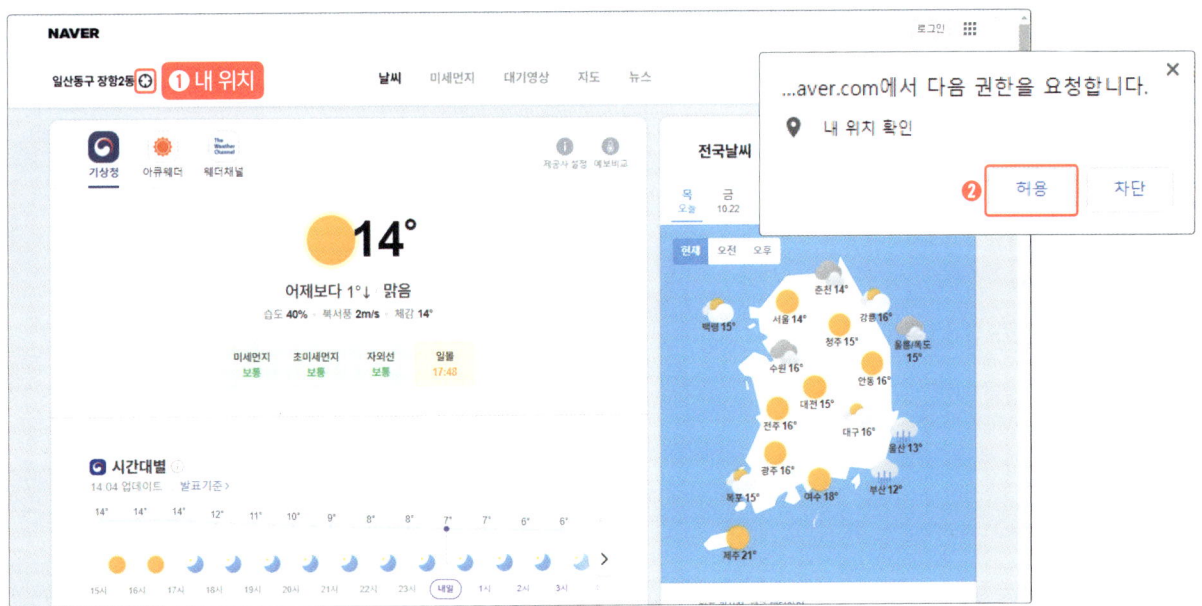

03 내가 위치한 곳의 날씨 정보를 작성해 봅니다.

온도	강수	습도	미세먼지	초미세먼지	자외선

04 날씨 검색 버튼(🔍)을 누른 후, 국내 또는 해외 도시를 검색해 봅니다.

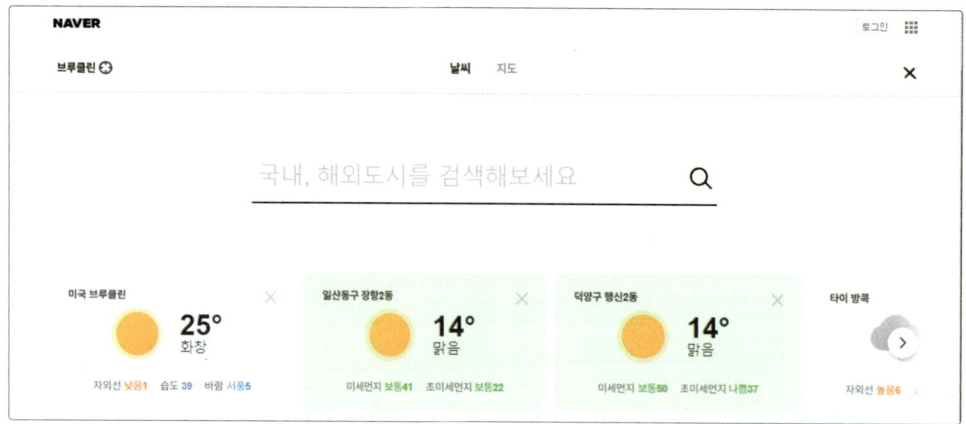

05 미국 뉴욕의 브루클린 날씨를 검색한 후, 날씨 정보를 작성해 봅니다.

현지시간	맑음/흐림/비	온도	습도

06 중국 상하이의 날씨를 검색한 후, 날씨 정보를 작성해 봅니다.

현지시간	맑음/흐림/비	온도	습도

2 미세먼지 정보 확인하기

01 [미세먼지] 탭을 클릭합니다.

02 미세먼지, 초미세먼지를 자세하게 확인합니다.

03 오염물질 정보를 확인합니다.

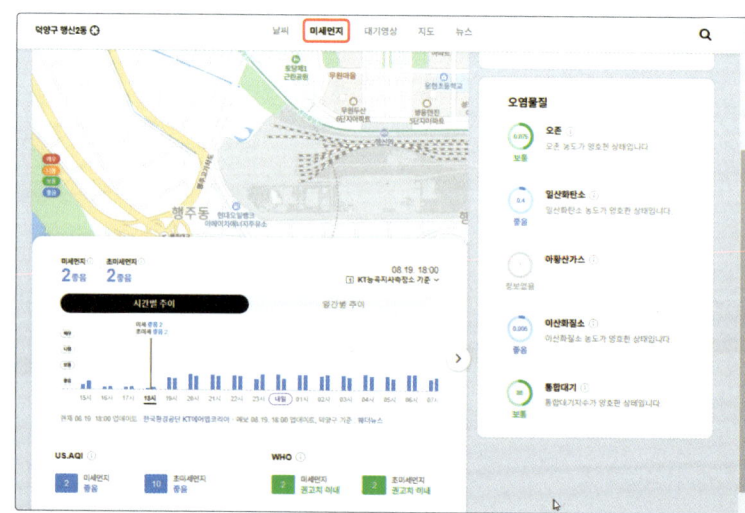

04 내가 위치한 곳의 오염물질 정보를 작성해 봅니다.

오존	일산화탄소	아황산가스	이산화질소	통합대기

1. 마이크로소프트 엣지(Microsoft Edge) 앱()을 실행하여 '네이버 날씨'에서 태국 방콕을 검색한 후, 다음 빈칸에 날씨 정보를 써 보세요.

- 웹 검색창에 네이버를 입력한 후, Enter 를 누릅니다.
- '네이버'를 클릭하여 사이트에 접속한 후, 검색창에 '네이버 날씨'를 입력한 후, Enter 를 누릅니다.

날짜		현지 시간		온도	
최고 기온		최저 기온			

2. [뉴스] 탭에서 날씨에 대한 뉴스를 검색한 후 클릭하여 읽어 봅니다. 그리고 중요한 내용이 있으면 빈칸에 메모해 보세요.

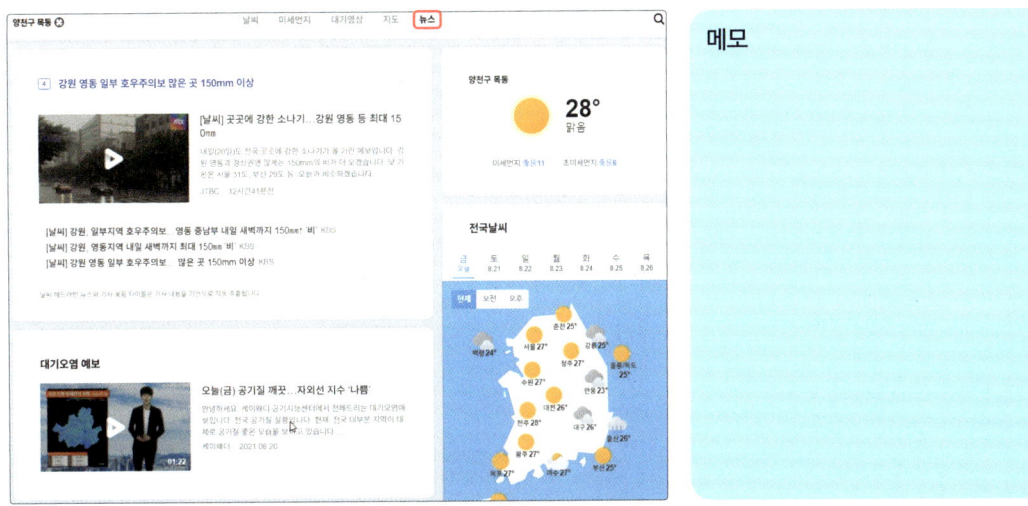

타자왕 18 긴 글 연습 — 이모티콘 만들기

① [시작(■)]을 클릭한 다음 '한컴 타자연습'을 찾아 선택합니다.

② [긴글연습]을 선택한 다음 [불러오기] 버튼을 클릭하여 [실습 파일]-[20차시] 폴더, '이모티콘 만들기'를 불러와 타자 연습을 시작합니다.

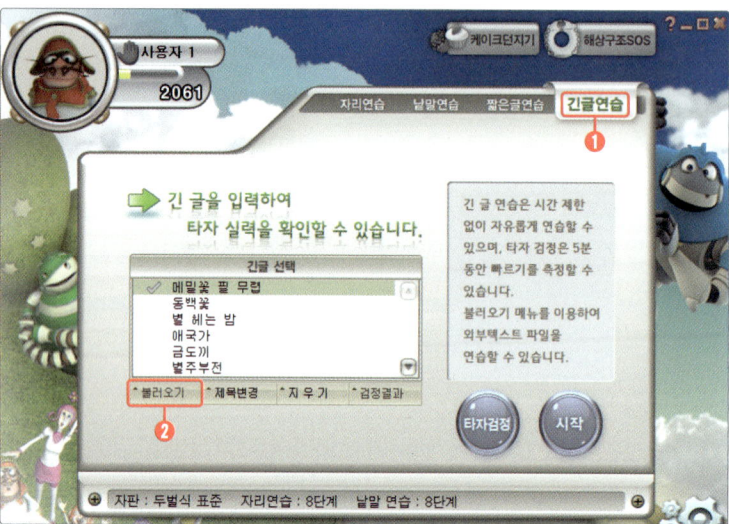

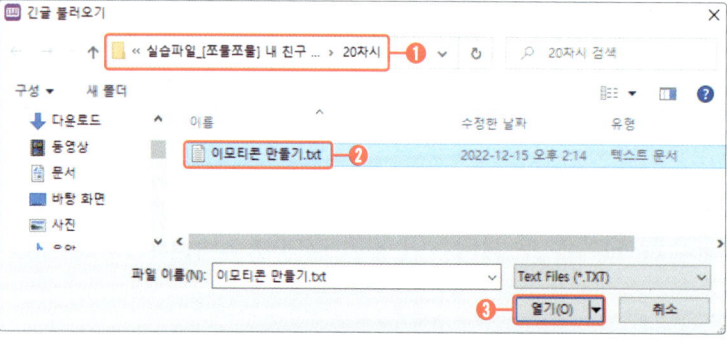

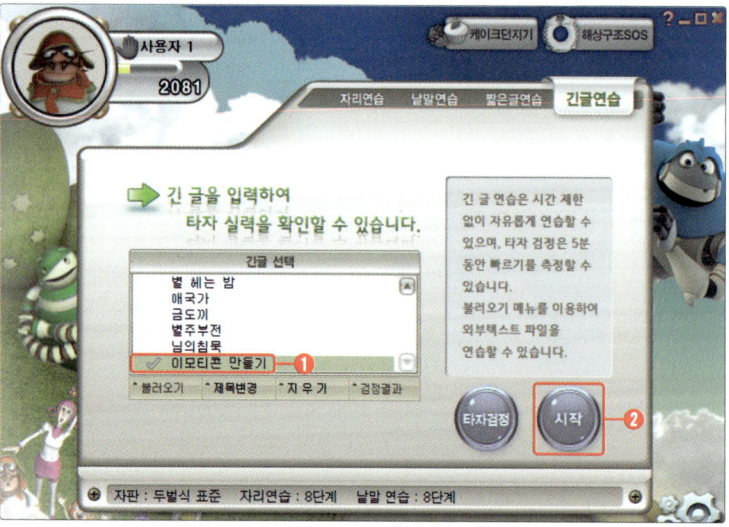

❸ 긴 글 연습이 시작되면 아래와 같이 입력하여 이모티콘을 만들어 보세요.

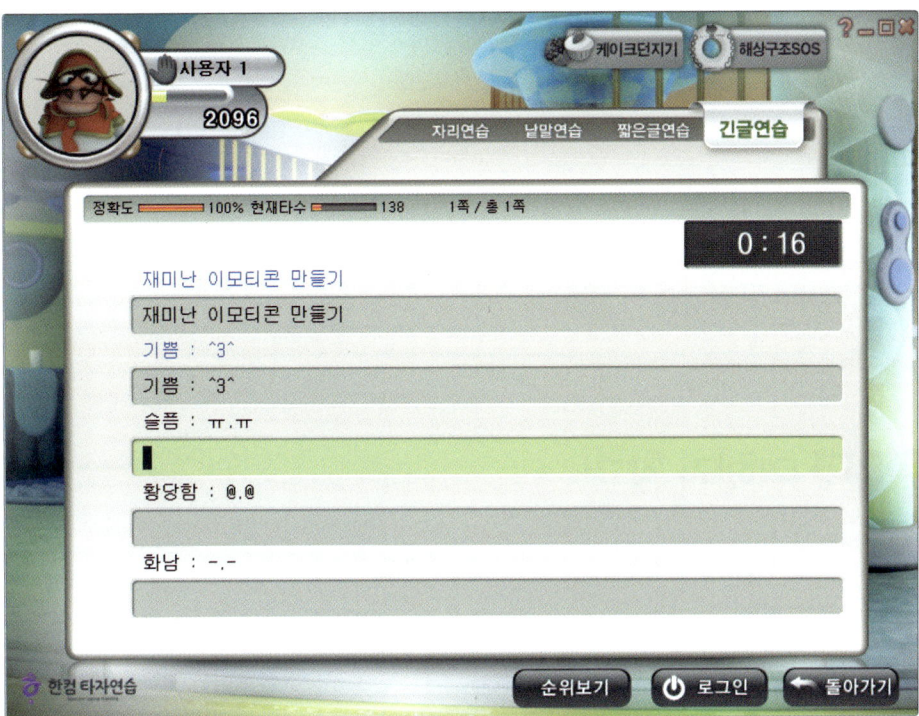

💡 위 키보드를 참고하면 문자를 빠르게 찾을 수 있을 거예요.

❹ '긴 글 연습 결과'를 확인하여 빈칸에 적어보세요.

평균타수   정확도   연습시간

 지도로 여행하기

학습목표

> 타자 프로그램을 실행하여 '긴 글 연습-퀴즈 초성'을 연습합니다.
> 지도 앱으로 장소를 검색해 봅니다.
> 출발지와 목적지를 입력하여 길 찾기를 해 봅니다.

1 지도 앱으로 유명 여행지 찾기

01 [시작(⊞)]-[지도(◉)]를 클릭한 후, 앱이 실행되면 왼쪽 위의 검색 상자에 가고 싶은 장소를 입력하고 Enter 를 누릅니다. (예: 서울대공원)

02 왼쪽 정보 창의 최소화 버튼(━)을 클릭하여 화면에서 지우고, 인공위성에서 촬영한 지도를 보기 위해 [도로]-[위성]을 클릭합니다.

03 지도에서 마우스 휠을 위로 굴려 화면을 확대한 후, 마우스를 드래그하여 다음 '장소 찾기'에서 제시한 장소를 찾아보세요.

장소 찾기

서울랜드 : 장미의 언덕, 착각의 집, 마법의 양탄자, 귀신 동굴, 범퍼보트, 해적선 무대

2 길 찾기

내 위치에서 서울대공원까지 가는 대중교통을 알아봅니다.

01 [도로]를 선택하고 길찾기(◆) 아이콘을 클릭합니다. 출발지에는 '내 위치', 목적지에는 '서울대공원'을 입력하고 [길 찾기 시작]을 클릭합니다.

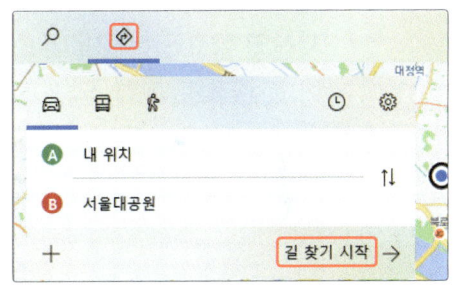

02 대중교통(🚍) 아이콘을 클릭하여 도착지까지 교통편을 알아봅니다.

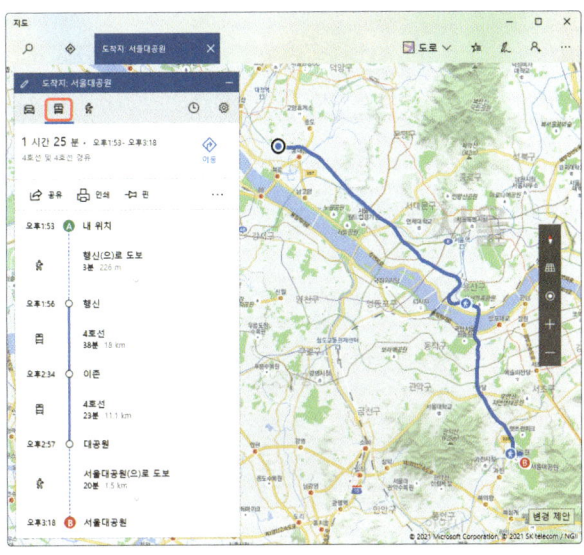

21 지도로 여행하기   **111**

1 미국 뉴욕 맨해튼 시티를 검색한 후, [위성] 지도를 통해 '자유의 여신상'을 찾아보세요.

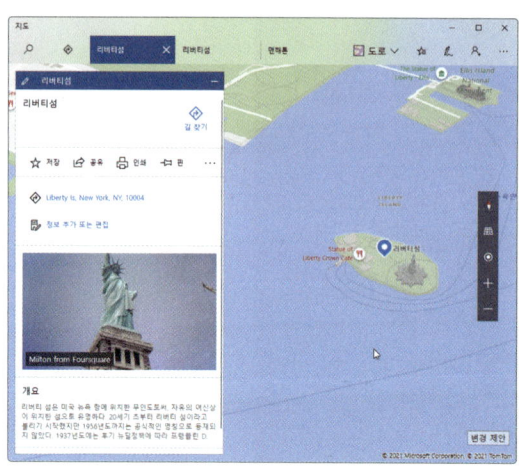 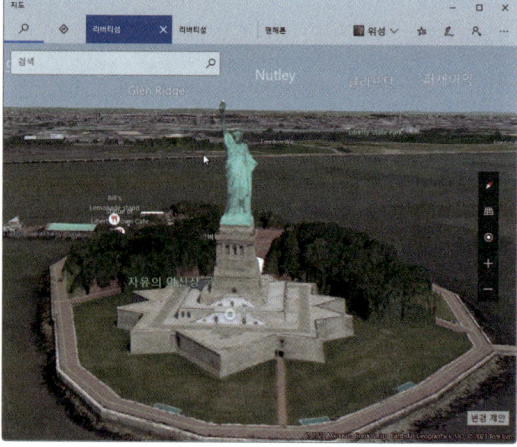

> **위성 지도 마우스로 보는 방법**
> - 마우스 왼쪽 버튼을 누르고 드래그하여 위치를 이동할 수 있습니다.
> - 버튼을 클릭하여 위치를 확대 또는 축소할 수 있습니다.
> - 마우스 오른쪽 버튼을 누르고 드래그하여 상하좌우 회전을 할 수 있습니다.

2 자신의 살고 있는 곳을 주소로 검색하여 지도와 위성으로 살펴봅니다. 그리고 병원이나 약국, 학교, 주유소, 교회, 우체국, 주민센터, 초등학교를 발견하면 펜을 이용해 ○표 하세요.

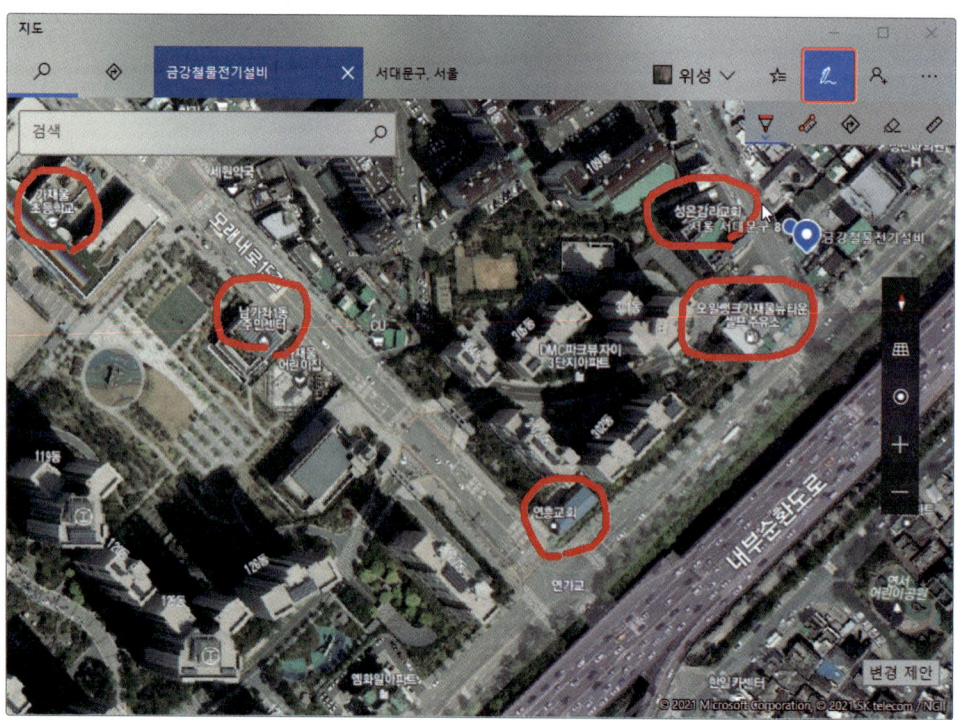

긴 글 연습
퀴즈 초성

❶ [시작(■)]을 클릭한 다음 '한컴 타자연습'을 찾아 선택합니다.

❷ [긴글연습]을 선택한 다음 [불러오기] 버튼을 클릭하여 [실습 파일]-[21차시] 폴더, '퀴즈 초성'을 불러와 타자 연습을 시작합니다.

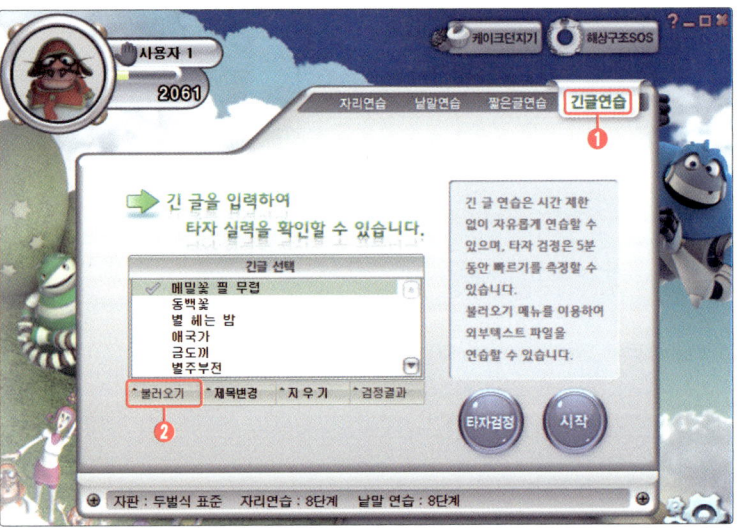

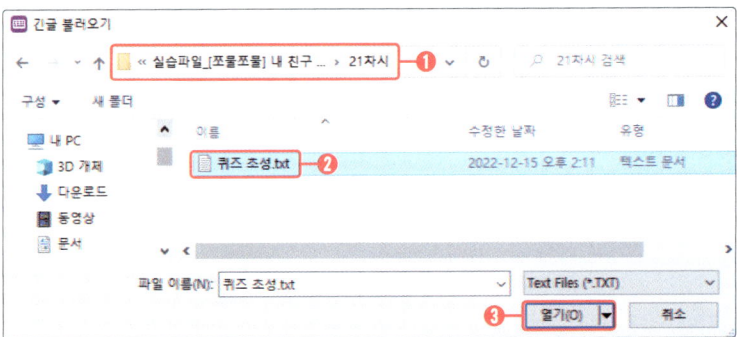

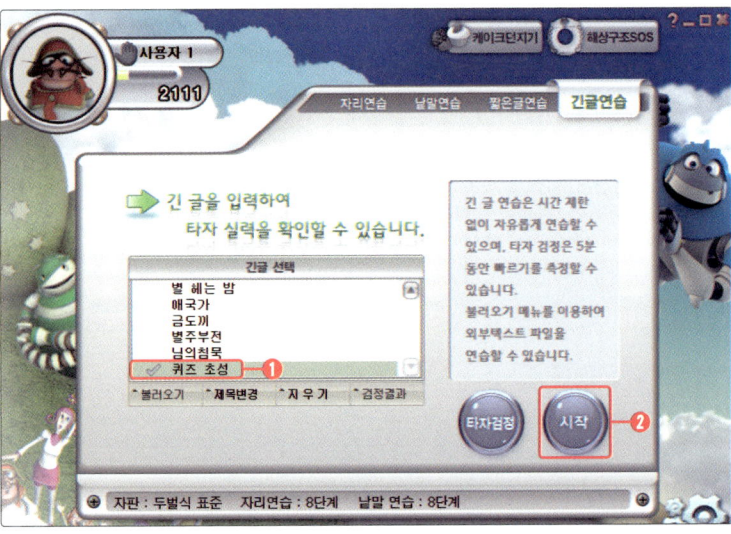

❸ 긴 글 연습이 시작되면 초성 퀴즈 내용을 입력해 보세요.

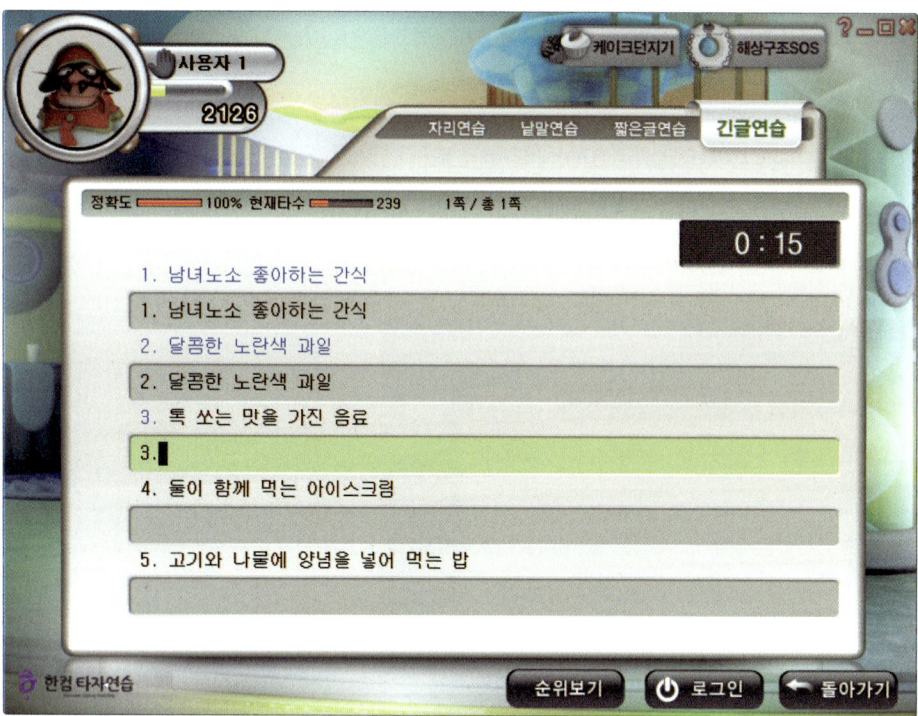

❹ '긴 글 연습 결과'를 확인하여 빈칸에 적어보세요.

| 평균타수 | 정확도 | 연습시간 |

❺ '긴 글 연습' 퀴즈 내용의 정답을 풀어볼까요?

문제 번호	초성	정답
1	ㅎ ㅂ ㄱ	
2	ㅂ ㄴ ㄴ	
3	ㅅ ㅇ ㄷ	
4	ㅆ ㅆ ㅂ	
5	ㅂ ㅂ ㅂ	

22 인터넷 세상 구경하기

학습목표

- 타자 프로그램을 실행하여 '긴 글 연습-퀴즈 넌센스'를 연습합니다.
- 쥬니버에 접속하여 콘텐츠를 살펴봅니다.
- 인터넷 검색 엔진에 대해 알아봅니다.

1 검색 엔진 알아보기

검색 엔진은 인터넷에서 자료를 쉽게 찾을 수 있게 도와주는 웹 사이트를 말합니다.

01 우리나라의 대표적 검색 엔진은 '네이버(Naver)', '다음(Daum)'이며, 전 세계적으로 가장 많이 사용되는 검색 엔진은 '구글(Google)'입니다.

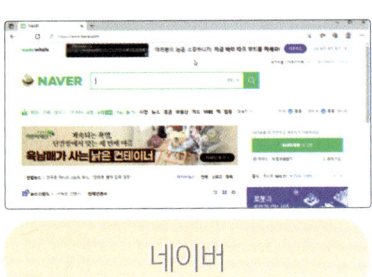
네이버

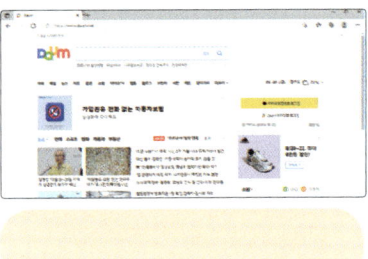

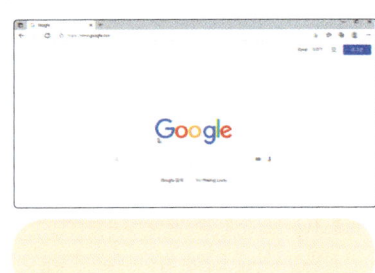

2 쥬니버(쥬니어 네이버) 접속하기

01 [시작(⊞)]-[Microsoft Edge] 앱(◆)을 실행합니다. 그리고 주소 입력 칸에 '쥬니버'를 입력한 후 Enter 를 누릅니다.

02 쥬니어 네이버 주소(jr.naver.com)를 확인하고 [Naver]를 클릭하여 사이트에 접속합니다.

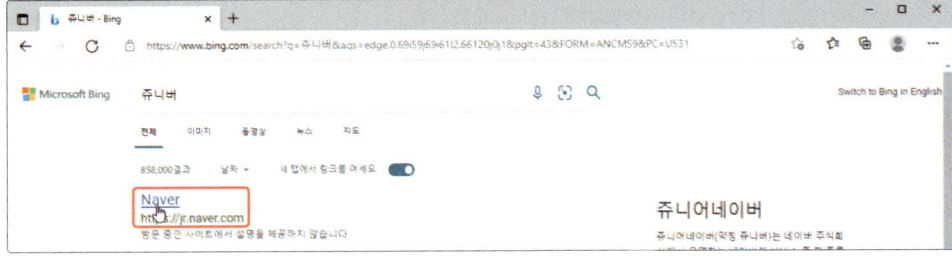

3 쥬니버 둘러보기

01 쥬니버 메뉴 중 [추천]을 클릭한 후, 나타나는 콘텐츠를 즐겁게 시청합니다.

- 추천받은 콘텐츠 중 가장 재미있는 것은 무엇인가요?

02 쥬니버 메뉴 중 [캐릭터]를 클릭한 후, 마음에 드는 캐릭터의 콘텐츠를 선택하여 시청해 봅니다.

- 캐릭터 중에 가장 마음에 드는 것은 무엇인가요?

03 쥬니버 메뉴 중 [카테고리]를 클릭합니다. 그리고 스크롤을 아래쪽으로 내려 [누리과정]을 선택하여 자유롭게 원하는 콘텐츠를 시청합니다.

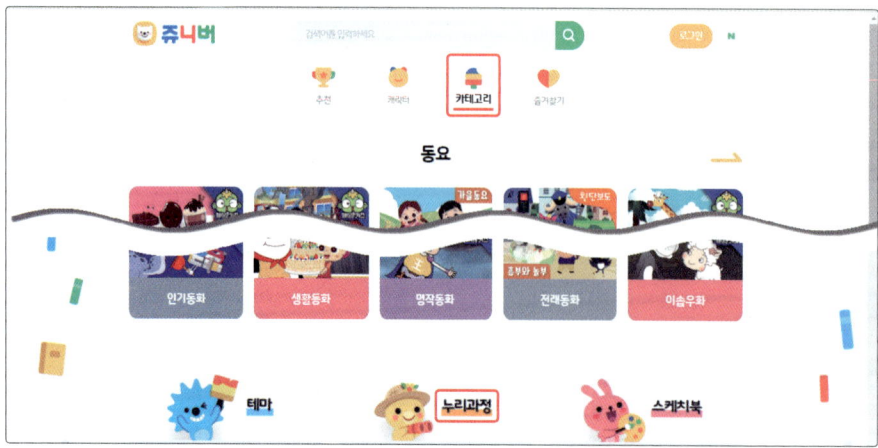

- 누리과정 중에 가장 기억에 남은 콘텐츠는 무엇인가요?

1. 쥬니버 검색창에 '올바른 습관송'을 입력하여 검색한 후, '주니토니' 동영상을 클릭하여 시청해 보세요.

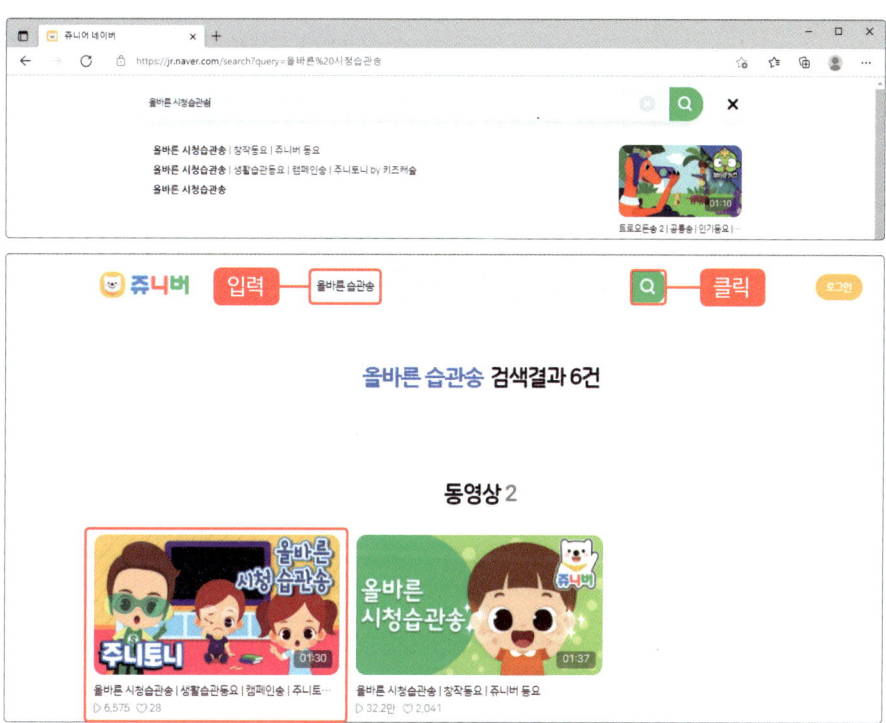

2. '올바른 시청 습관송' 동영상을 본 후, 다음 내용 중 올바른 내용에 ○표, 틀린 내용에 ✕표 하세요.

① 영상을 시청한 후 눈을 감고 누워 있는 것이 좋습니다. (   )

② 눈이 피곤할 때에는 눈을 깜박깜박이며 운동합니다. (   )

③ 멀리 있는 물건을 찾아보며 눈 운동을 합니다. (   )

④ 영상을 시청할 때에는 바른 자세 항상 유지합니다. (   )

⑤ 누워서 영상을 봅니다. (   )

⑥ 약속한 시간을 지켜 영상을 끕니다. (   )

⑦ 눈이 피곤하더라도 눈을 계속 비비지 않습니다. (   )

⑧ 엎드려서 영상을 봅니다. (   )

긴 글 연습

퀴즈 넌센스

❶ [시작(⊞)]을 클릭한 다음 '한컴 타자연습'을 찾아 선택합니다.

❷ [긴글연습]을 선택한 다음 [불러오기] 버튼을 클릭하여 [실습 파일]-[22차시] 폴더, '퀴즈 넌센스'를 불러와 타자 연습을 시작합니다.

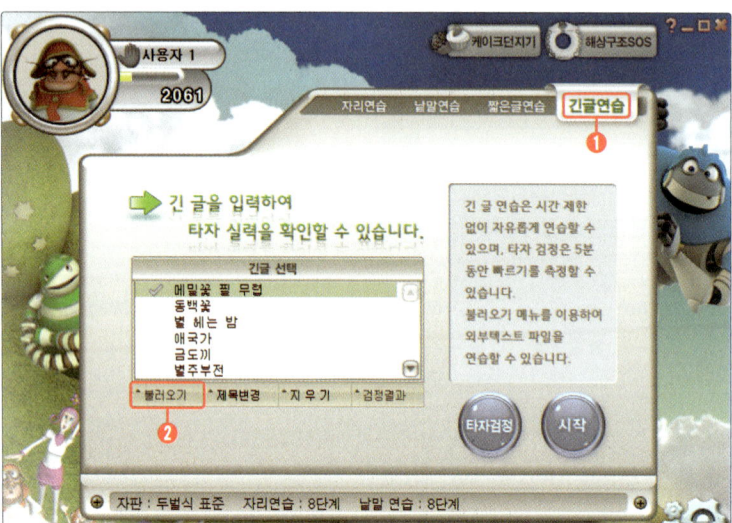

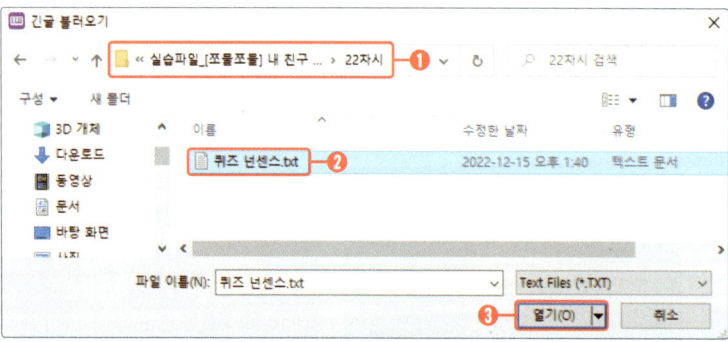

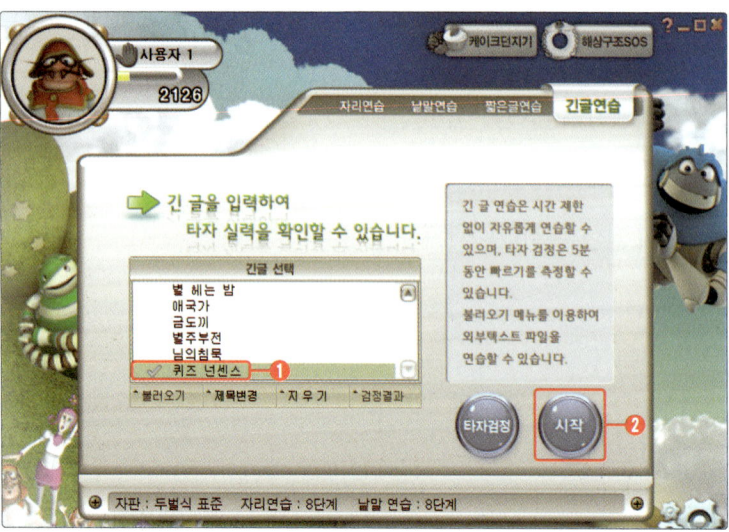

❸ 긴 글 연습이 시작되면 넌센스 퀴즈 내용을 입력해 보세요.

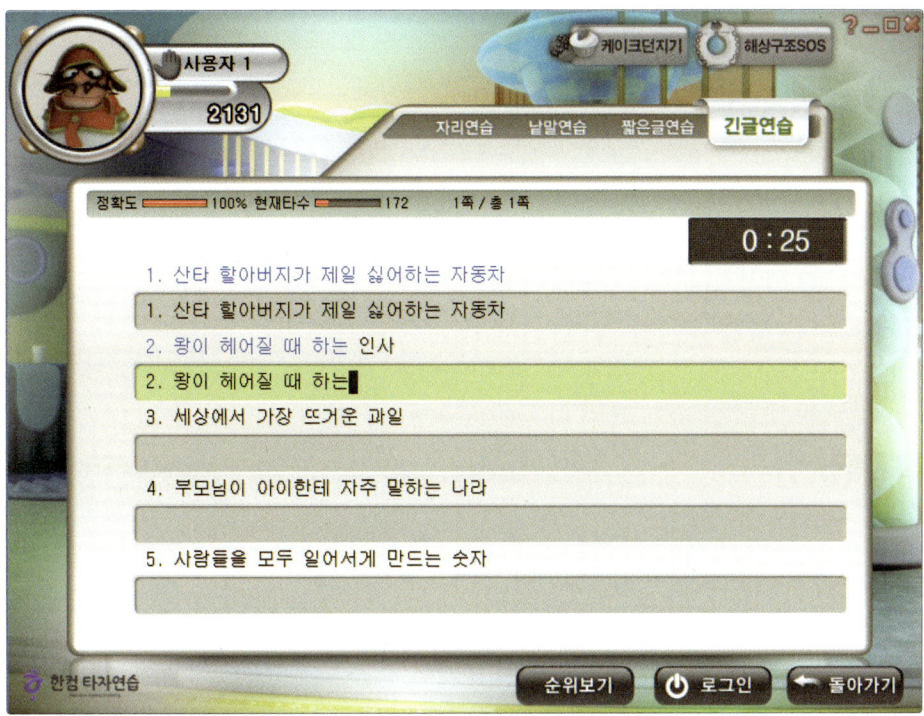

❹ '긴 글 연습 결과'를 확인하여 빈칸에 적어보세요.

| 평균타수 | 정확도 | 연습시간 |

❺ '긴 글 연습' 퀴즈 내용의 정답을 풀어볼까요?

문제 번호	정답
1	
2	
3	
4	
5	

23 인공지능 체험하기

학습목표

> 타자 프로그램을 실행하여 '긴 글 연습-퀴즈 캐릭터'를 연습합니다.
> 여러 가지 인공지능 기술을 체험합니다.

1 퀵 드로우 시작하기

01 인터넷을 실행한 다음 '퀵드로우'를 검색하여 접속합니다.

02 [시작하기]를 클릭한 다음 첫 번째 제시어를 확인합니다.

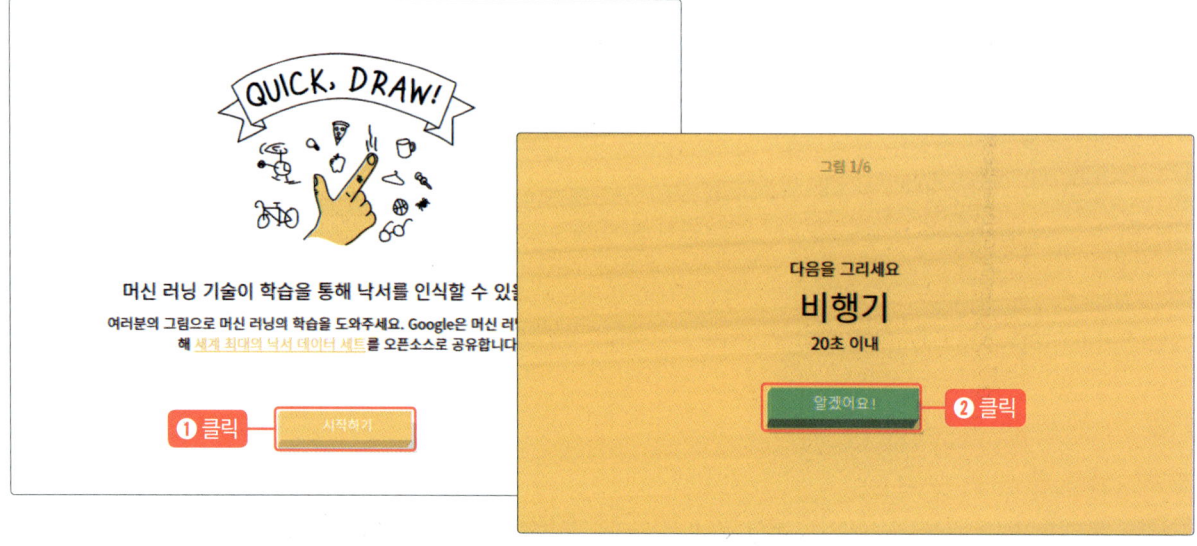

② 그림을 인식하는 인공지능 체험하기

01 [알겠어요]를 클릭한 다음 주어진 시간 동안 제시어를 그림으로 표현해요.

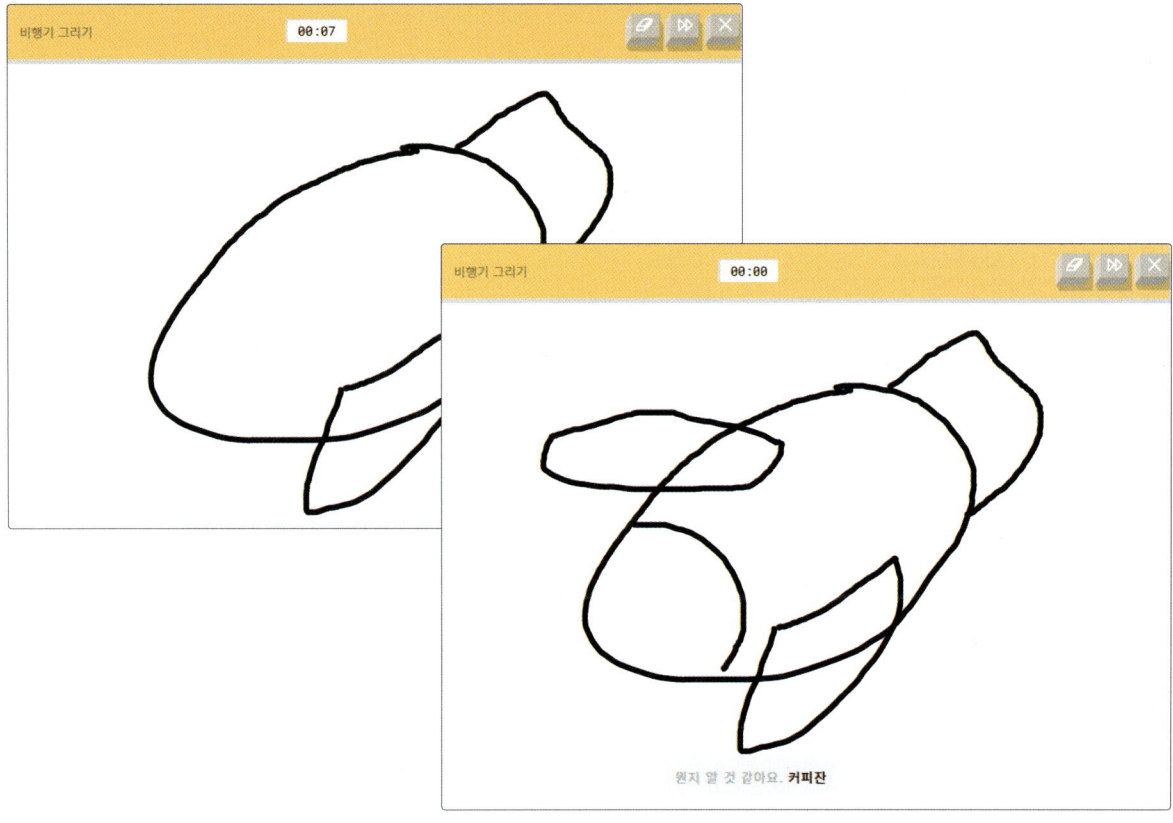

02 문제는 총 6문제가 준비되어 있어요. 모든 제시어를 그리고 나면 인공지능이 맞춘 그림과 틀린 그림이 나타납니다. 인공지능은 여러분의 그림을 얼마나 잘 인식했나요?

💡 내가 그린 그림을 클릭하면 인공지능이 해당 그림을 어떻게 인식했는지, 다른 사람들은 똑같은 제시어에 어떤 그림을 그렸는지 확인할 수 있습니다.

23 인공지능 체험하기 **121**

1 인터넷을 실행한 다음 '블롭 오페라'를 검색하여 접속해요.

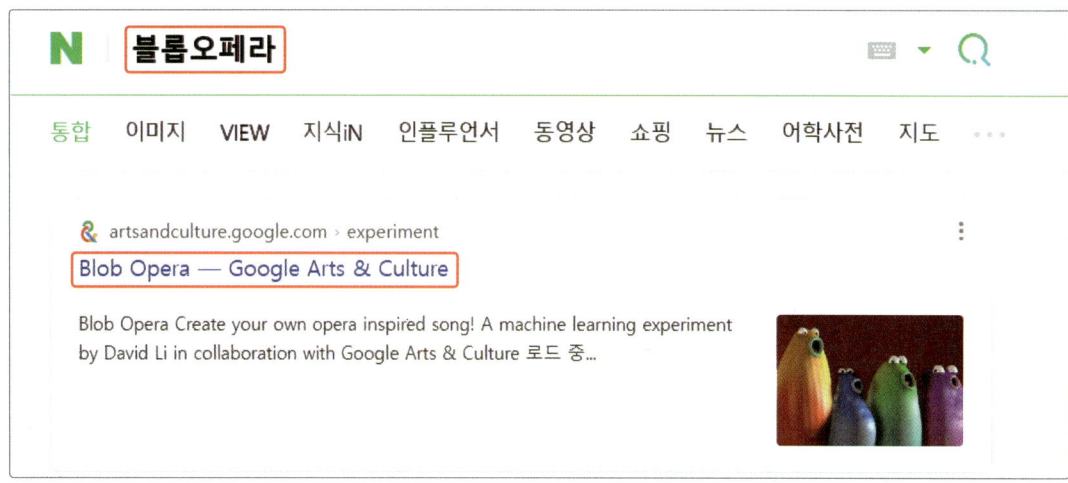

💡 해당 사이트는 인공지능이 오페라를 만들어주는 곳으로, 이어폰을 활용하면 더 재미있는 연주를 들을 수 있답니다.

2 괴물을 드래그하여 인공지능이 만들어내는 오페라를 감상해 볼까요? 마우스를 따라 움직이는 괴물의 모습도 재미있을 거예요!

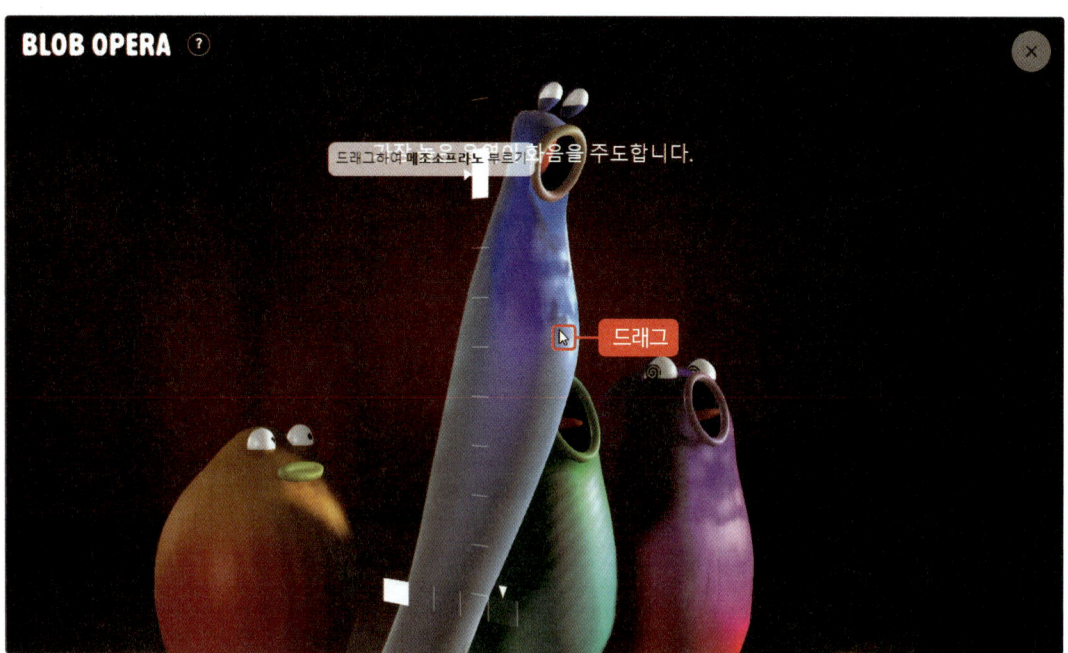

타자왕 21 긴 글 연습
퀴즈 캐릭터

❶ [시작(⊞)]을 클릭한 다음 '한컴 타자연습'을 찾아 선택합니다.

❷ [긴글연습]을 선택한 다음 [불러오기] 버튼을 클릭하여 [실습 파일]-[23차시] 폴더, '퀴즈 캐릭터'를 불러와 타자 연습을 시작합니다.

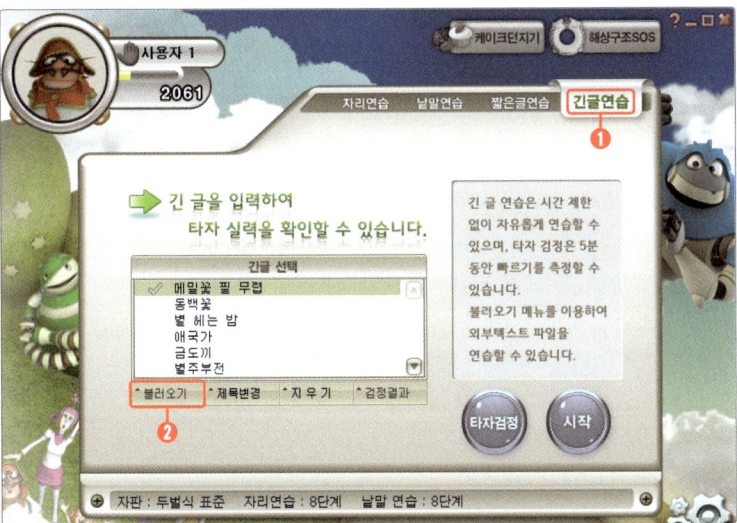

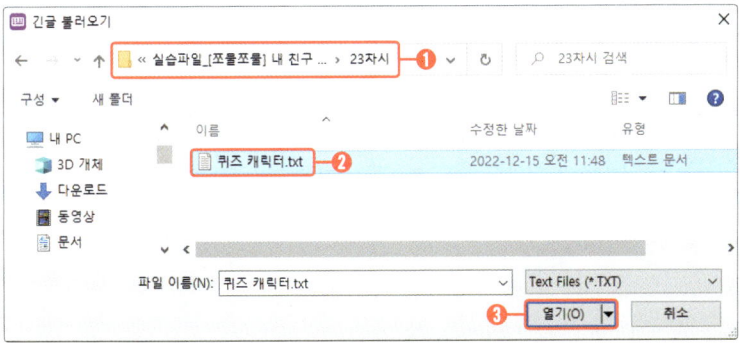

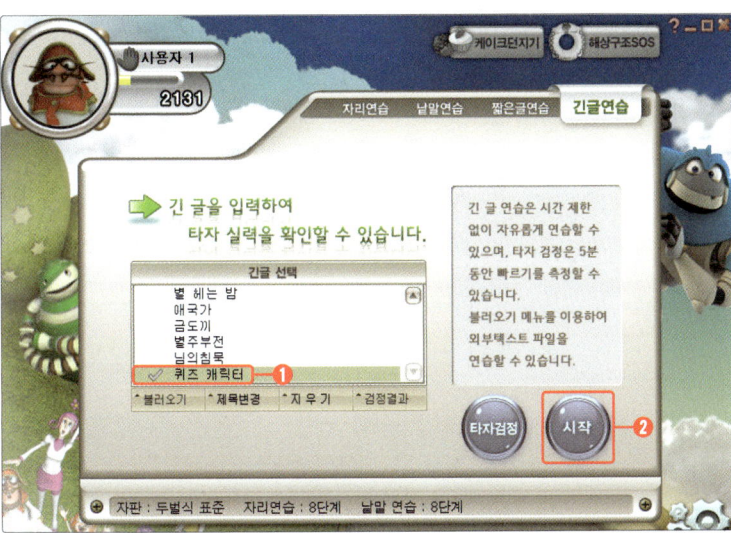

❸ 긴 글 연습이 시작되면 캐릭터 퀴즈 내용을 입력해 보세요.

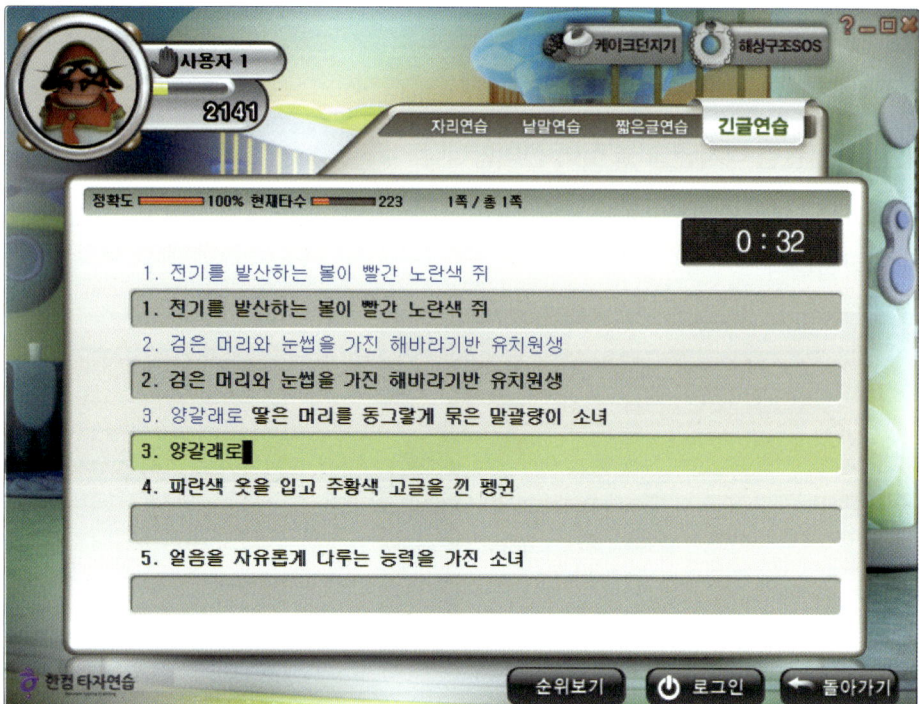

❹ '긴 글 연습 결과'를 확인하여 빈칸에 적어보세요.

| 평균타수 | 정확도 | 연습시간 |

❺ '긴 글 연습' 퀴즈 내용의 정답을 풀어볼까요?

문제 번호	정답
1	
2	
3	
4	
5	

24 해상구조SOS
타자게임

해상구조 SOS 타자 게임 구성

게임 화면

단계선택	

- ★ 태평양 / ★★ 뉴욕 / ★★★ 북극 / ★★★★ 이집트
- 해상구조 SOS 게임은 낱말 연습 모든 단계를 열심히 연습한 후 도전하는 것이 좋아요. 별이 많을수록 난이도가 어려워집니다.

게임 화면		· 물 위에 떠다니는 튜브 5개에 적힌 단어를 입력하면 내 튜브의 개수가 늘어나요. · 상대방 튜브에 적힌 단어를 입력하면 상대의 튜브를 하나씩 없앨 수 있어요.

게임 종료

상대방의 튜브를 없애지 못하고, 내 튜브가 모두 사라지면 게임이 종료될 거예요.

이벤트

튜브가 아닌 아이템에 나오는 단어를 입력하면 여러 가지 재미있는 이벤트 효과가 나타납니다.

② 타자 게임 준비하기

❶ [시작(■)]을 클릭한 다음 '한컴 타자연습'을 찾아 선택합니다.

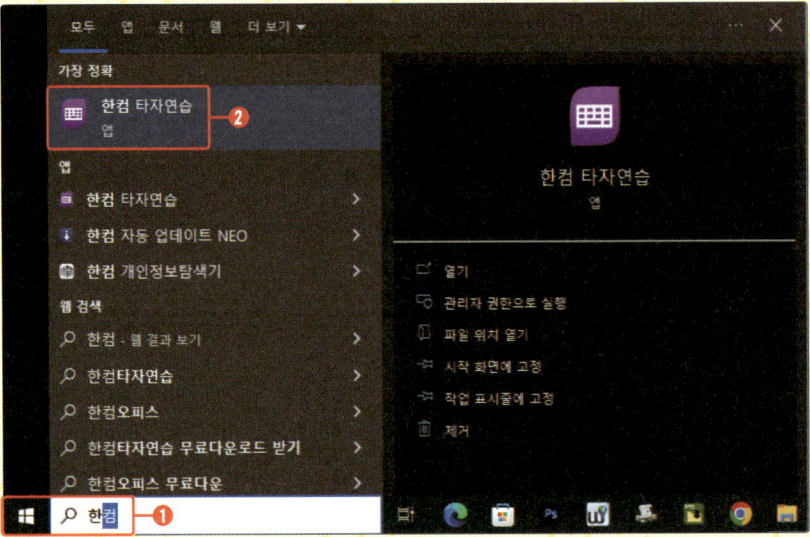

❷ [해상구조SOS]를 클릭한 다음 타자 게임이 실행되면 '태평양'을 선택합니다.

3 타자 게임 시작하기

① 튜브 또는 주변에 나타난 단어를 입력 창에 빠르고 정확하게 입력한 다음 Enter 또는 Space Bar 키를 누릅니다.

② 상대방의 튜브가 모두 사라지면 게임에서 승리하게 되고 다음 단계로 이동합니다.

부록 01 산타 추적기 산타 셀카

학습목표
> 산타 추적기 게임을 통해 클릭과 드래그를 연습합니다.

1 게임 준비하기

① 인터넷을 실행한 다음 '구글산타추적기'를 검색하여 접속합니다.

② ☰ 버튼을 클릭하여 [산타 셀카]를 찾아 선택합니다.

2 게임 시작하기

• 왼쪽의 다양한 미용 도구를 이용하여 산타를 예쁘게 꾸밀 수 있어요.

❶ 산타의 머리와 수염을 자를 수 있는 도구예요.
❷ 은은하고 기분 좋은 향이 나는 향수예요.
❸ 미용 전에 물을 뿌리면 엉킨 털을 정리할 수 있어요.
❹ 젖은 머리와 수염을 말릴 수 있어요.
❺ 다양한 색상의 염색 스프레이에요.
❻ 머리와 수염을 꾸밀 수 있는 장식이에요.

▶ 아래와 같은 모습으로 산타를 만들어 보도록 해요. 머리와 수염을 잘 자르는 것이 중요하겠죠?

부록 02 산타 추적기 풍선껌 기울이기

학습목표

▶ 산타 추적기 게임을 통해 키보드 방향키 누르기를 연습합니다.

1 게임 준비하기

① 인터넷을 실행한 다음 '구글산타추적기'를 검색하여 접속합니다.

② ≡ 버튼을 클릭하여 [풍선껌 기울이기]를 찾아 선택합니다.

2 게임 시작하기

- 키보드의 왼쪽 방향키와 오른쪽 방향키를 눌러 빨간색 지팡이를 기울이면 사탕이 아래쪽으로 떨어져요.

▶ 단계가 올라갈수록 난이도가 어려워질 거예요. 주어진 시간 안에 높은 점수를 획득해 보세요.

부록 03 산타의 캔버스

산타 추적기

학습목표

▶ 산타 추적기 게임을 통해 클릭과 드래그를 연습합니다.

1 게임 준비하기

① 인터넷을 실행한 다음 '구글산타추적기'를 검색하여 접속합니다.

② ☰ 버튼을 클릭하여 [산타의 캔버스]를 찾아 선택합니다.

부록03 산타의 캔버스   133

2 게임 시작하기

❶  을 클릭한 다음 삼각형을 선택하고 트리 색상으로 바꿔주세요.

❷ 도형의 크기를 조절한 다음 화면을 클릭하여 트리를 만들어 줍니다. 을 누르면 이전 단계로 돌아갈 수 있어요.

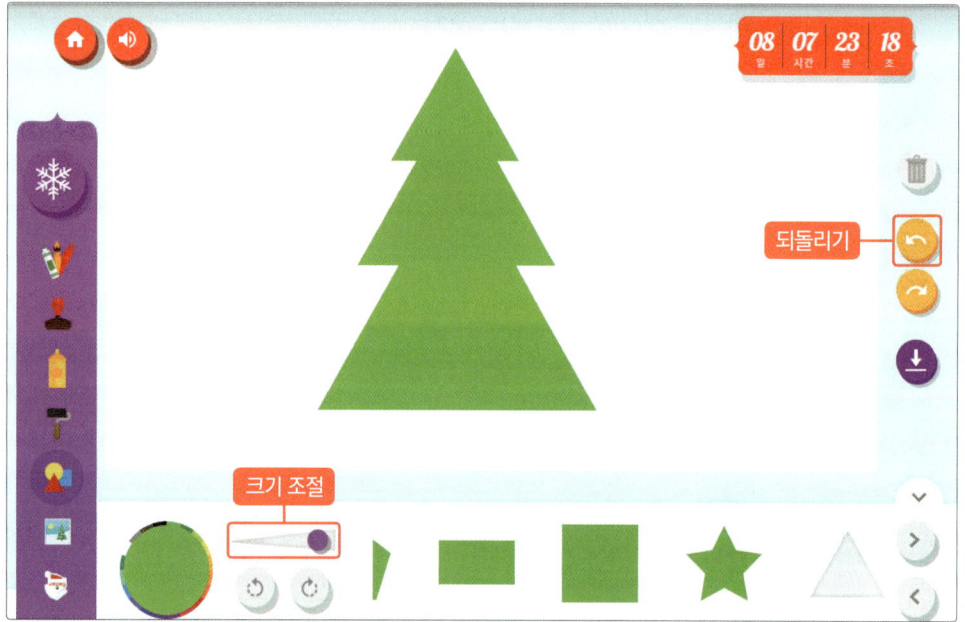

❸ 똑같은 방법으로 사각형을 선택하여 트리를 완성시켜 보세요.

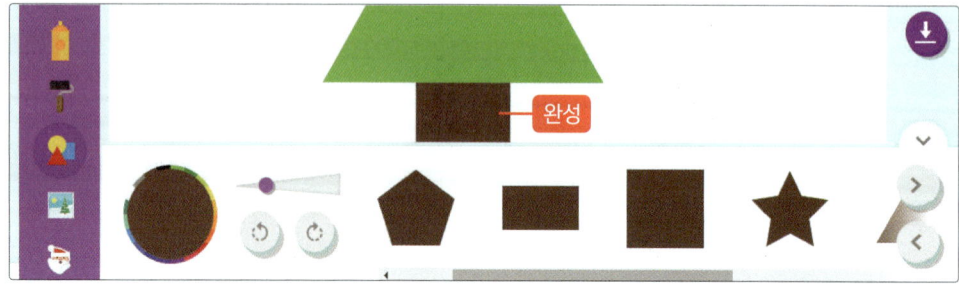

부록 04 산타 추적기 코드와 함께 춤을

학 습 목 표

> 산타 추적기 게임을 통해 코딩을 배워봅니다.

1 게임 준비하기

① 인터넷을 실행한 다음 '구글산타추적기'를 검색하여 접속합니다.

② ≡ 버튼을 클릭하여 [코드와 함께 춤을]을 찾아 선택합니다.

2 게임 시작하기

❶ 게임 모드를 <춤 배우기>로 선택해요.

❷ 선생님이 어떤 동작을 하는지 유심히 확인하여 똑같은 동작의 블록을 조립한 후 춤을 확인해 보세요.

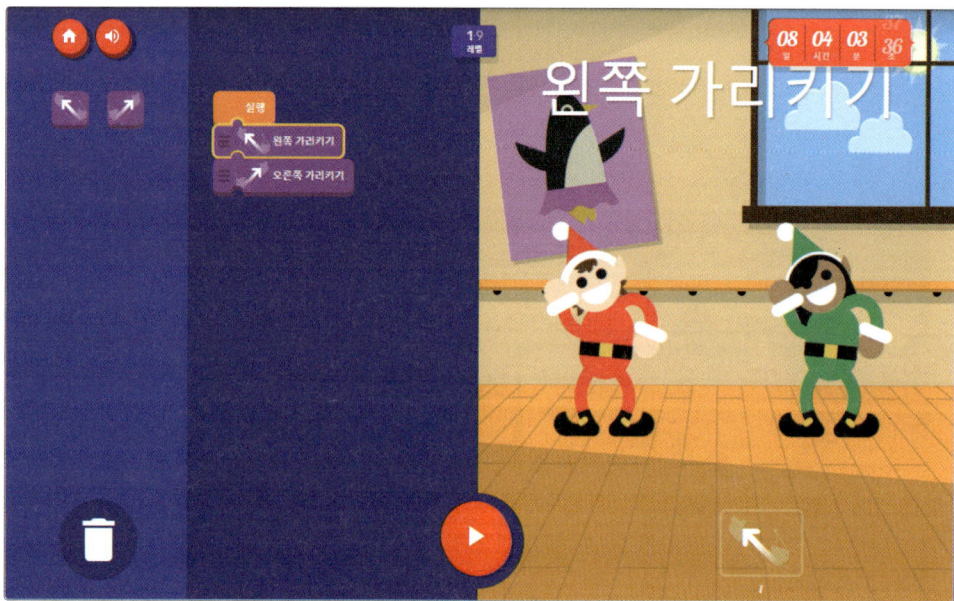

▶ '춤 동작' 명령 블록을 조립하여 원하는 순서대로 춤을 출 수 있도록 코딩했어요. 단계가 올라가면 '춤 동작' 명령 블록이 늘어나면서 난이도가 어려워질 거예요. 선생님의 춤을 잘 기억했다가 블록을 조립해 주세요.

[스티커]